LA GUÉRISON PAR LES ANGES

Elizabeth Dufour

Les Éditions
Quebecor

Ce livre est dédié à toutes les personnes qui souffrent et qui se sentent seules, mais particulièrement à Aline Lapointe, un être qui m'est très cher. Elle livre un dur combat contre un cancer généralisé et vient de perdre tragiquement son plus jeune garçon, Serge. Vous serez toujours dans mon cœur.

« Vous n'êtes jamais seul; sachez cela.
Que se soit pour vous une source de force. Cette force de Me parler, puisque Je suis près de vous. Cette force pour agir sachant que Je vous soutiens, particulièrement quand vous parlez aux autres, demandez-moi de parler à travers vous. Jamais seul! Quelle joie pour vous! Pourrez-vous jamais assez Me remercier! »

Jésus
(tiré du livre *He and I*)

Message

Nous sommes tous des Temples de guérison angélique. Car nous sommes des Êtres de Lumière et qu'en chacun de nos corps subtils, de nos chakras, de nos molécules, de nos cellules et de nos organes habitent des Anges qui, sous forme de faisceaux de Lumière, de sons et de vibrations, voient au bon fonctionnement des énergies de notre corps physique.

Pour contacter et demander de l'aide à ces Êtres, il suffit de méditer et d'aller à leur rencontre en communiquant avec eux dans notre for intérieur.

Je suis la Lumière;
la Lumière est dans mon cœur;
la Lumière sort de mon cœur;
la Lumière m'entoure;
la Lumière me protège;
je suis la Lumière.

Table des matières

Première partie
Les Anges de la guérison

Deuxième partie
Quelques témoignages

La plainte d'un Ange

Je suis là à tes côtés depuis près de quinze ans
Et jamais tu ne m'as adressé la parole
Enfant que t'ai-je fait pour rester si longtemps
Étranger à ton cœur dont j'attends une obole ?

Ah ! si tu m'avais vue penché sur ton berceau
Épiant ton réveil à côté de ta mère
Mon aile t'abritant comme sous un arceau
Tu ne traiterais pas ton Ange de chimère

Hier, hier encore au détour du chemin
Accompagnant tes pas selon mon habitude
J'aperçu un danger, je te pris par la main
Et tu te trouvas sans inquiétude

Si tu m'avais connu, tu m'aurais dit merci
Si tu m'avais aimé d'une douce caresse
Ton regard aurait su payer le tendre ami
Qui se fait le gardien de ta frêle jeunesse

Mais non, tu poursuivis ta route plus gaîment
Et tu ne sembles pas te douter que ton Ange
Était à tes côtés et venait à l'instant
D'éloigner de tes pas le péril et la fange

Ah! du moins pense à moi quand tu fixes le ciel
Quand, tombant à genoux, tu fais une prière
Songe donc que c'est moi qui porte à l'Éternel
Les vœux que ton amour par ta bouche profère

Tu peux à tout instant compter sur mon secours
Pour offrir ta prière, appuyer ta requête
Dans l'ombre de la nuit, dans la clarté des jours
À toute heure, je suis ton fidèle interprète

Je recueille tes pleurs et garde tes soupirs
J'amasse en un trésor tes moindres sacrifices
Je compte tes bienfaits, j'inscris tes saints désirs
Je tâche de veiller tes coupables caprices

Si tu voulais de moi pour parler à l'absent
Je serais prêt encore à remplir ton message
Je parlerais tout bas à ton cœur innocent
Et sans t'abandonner je ferais ce voyage

Mais alors promets-moi de ne plus me laisser
Comme un indifférent aux portes de ton âme!
Et dans ce court exil qu'il faut traverser
Formons entre nous deux un lien que je réclame

Là-haut nous jouirons d'un semblable bonheur
Là-haut tu me verras et je serai ton frère
Je ne parlerai plus à l'oreille du cœur
Car alors devant toi je serai sans mystère

Je t'aime
Ton Ange!

Écrit par Alphéda à l'âge de quinze ans en 1924
Elle est maintenant un Ange!

Remerciements

Lors de la rédaction de ce livre, nombreux furent ceux et celles qui m'apportèrent un coup de main, un encouragement. Je voudrais leur exprimer toute ma reconnaissance.

Tout d'abord, merci à monsieur Jacques Simard qui m'a encore fait confiance en me demandant de lui rédiger un livre sur les Anges; il a manifesté beaucoup de compréhension à mon égard en m'accordant un délai pour la remise de ce manuscrit. Nombreux furent les obstacles, la mort de mon oncle Fernand Lazure, celle de mon jeune cousin Serge Lapointe, sans oublier la nouvelle atroce que ma chère tante et amie Aline Lapointe livre un combat contre le cancer. Toutes ces épreuves se sont présentées à moi entre le 22 décembre 1994 et le jour où j'ai remis le manuscrit, c'est-à-dire jusqu'à la fin de janvier 1995. C'est bien grâce à la patience et à l'encouragement de mon éditeur que vous pouvez lire ce livre aujourd'hui!

Avec toute ma reconnaissance et mon amour, je remercie mon Maître Spirituel qui, dans sa compassion, m'a révélé la beauté du monde de l'esprit. Elle m'a accordé la dévotion, elle a ouvert mon cœur et mon esprit pour ainsi tracer en moi la voie de la libération.

Je remercie Jac Lapointe, un être de Lumière extraordinaire qui sait reconnaître la Lumière, mon ami depuis plusieurs vies, pour la conception de la couverture de ce livre ainsi que la conception des illustrations des quatre Archanges, Michaël, Uriel, Gabriel et Raphaël. Quelle aventure ce fut! Les Archanges se sont présentés à lui dans ses rêves et lui ont demandé de les illustrer tels qu'ils veulent être reconnus aujourd'hui, c'est-à-dire tels des rayons puisque c'est, de fait, ce qu'ils sont. L'image qu'ils nous ont offerte d'eux-mêmes est d'une beauté indescriptible. Lorsque vous les contemplerez, vous comprendrez ce que je veux dire!

À Dianne L'Espérance, un énorme merci pour tout le travail qu'elle a effectué en mettant sur papier toutes les entrevues audio que j'ai récoltées pour ce livre. Encore une fois, c'est grâce à son généreux encouragement que je me suis mise à l'ordinateur et que j'ai entrepris la rédaction de ce livre. Cela ne fut pas une courte tâche et a demandé non seulement beaucoup de courage, mais aussi énormément de patience. Merci aussi d'avoir accepté d'écrire la préface de ce livre!

Un grand merci à Rollande Bélanger pour sa patience, son soutien dans les moments difficiles et sa compréhension.

Merci à Gregoria Kaiser que les Anges m'ont envoyée; pour les heures de correction et de révision de texte qu'elle m'a accordées et pour les recherches qu'elle a effectuées. Pour son témoignage sur les Anges et pour l'échange de nos visions sur les Esprits angéliques et l'Amour du Père que nous avons partagé.

Merci à tous ceux et celles qui ont rendu possible la parution de ce livre.

Ce livre est notre cri du cœur pour connaître les Archanges, pour comprendre comment ils se manifestent à nous par la musique de Maev, les peintures de Jac, les méditations de Marie-Diane ou les conversations qu'ils nous accordent par les êtres qui les canalisent et par qui ils passent pour transmettre la guérison de l'âme. Ils ont entendu nos prières et se sont manifestés pour notre plus grand bonheur. Ce livre est leur façon de nous faire comprendre qu'ils sont toujours avec nous non seulement à nos côtés, mais aussi en chacun de nous.

J'espère que cet ouvrage apportera consolation à ceux qui ont perdu des êtres chers et qui se tourmentaient à l'idée qu'ils étaient seuls au moment de leur mort. Sachez que nous ne sommes jamais seuls; les Anges sont toujours là pour nous accueillir de l'autre côté, avant même notre dernier soupir! Mourir seul est donc impossible!

Préface

Êtres de Lumière, vous qui êtes invisibles et qui apportez Joie, Amour et Protection aux humains de cette Terre, comme vous êtes méconnus! Pourtant, qui dans sa vie n'a senti votre présence pour ensuite l'ignorer? Hommage à vous! Que votre présence vibre de plus en plus dans le cœur et la conscience de tous les hommes pour que la Gloire du Divin soit confirmée et présente dans la vie de chaque être.

Qu'est-ce qu'un Ange? N'est-ce pas la question que nous nous sommes tous posée étant jeunes? Nous avons tous vu l'image de deux enfants marchant sur un chemin, un Ange avec de grandes ailes placé au-dessus d'eux pour les protéger. Que l'on reconnaisse ou non leur existence, il y a une partie en chacun de nous qui veut y croire.

Dans son livre *La guérison par les Anges,* Elizabeth Dufour nous ramène dans le monde angélique de notre enfance. Elle nous remet en mémoire ce que nous avions mis de côté depuis trop longtemps. Par des témoignages et des informations pertinentes, elle identifie pour nous le fonctionnement de la hiérarchie angélique. Nous découvrons les Anges, les principaux

Archanges, leur nom, leur fonction, la couleur de leur rayon et même la façon de les prier.

Les témoignages de ce livre apportent une preuve de l'existence des Anges, des éclaircissements qui aident à la compréhension de leur nature et de leur action. Ce livre transforme notre scepticisme en une acceptation plus grande des différentes manifestations de Dieu et est enrobé d'un Amour divin inimaginable.

À la lecture de cet ouvrage, nous nous rendons compte que, nous aussi, à un moment de notre vie, nous avons vécu une expérience particulière que nous n'avons pu expliquer. C'est normal après tout. N'avons-nous pas tous un Ange gardien?

J'ai moi-même vécu certaines expériences avec les Anges en aidant à mettre au propre plusieurs passages de ce livre. Dès que j'ai commencé à y travailler, le soir même, j'ai eu la visite de quelques Anges. Même si je ne savais pas leur nom, j'ai trouvé cette visite très agréable. C'était un signe pour moi et un encouragement à poursuivre ce travail.

Un après-midi, nous avons travaillé ensemble, Elizabeth et moi. Soudainement, j'ai commencé à ressentir des énergies qui ressemblaient beaucoup à des énergies de guérison. Cela a duré presque tout le reste de la journée. Mais je n'ai pu identifier quel Ange ou quel Archange était là.

Ceux qui ont lu le premier livre d'Elizabeth verront sans doute un lien avec celui-ci. Dans cet ouvrage, Elizabeth, elle-même très dévouée à la guérison, a concentré son attention sur les expériences de guérison de

certaines personnes et sur les messages que ces
res ont reçus des Anges ou des Archanges à cet effet.

Dans sa bonté, sa compassion et son grand amour
de Dieu, Elizabeth s'est entourée d'êtres de Lumière,
qui la soutiennent constamment et la guident dans son
travail de guérison et d'enseignement.

Pendant la lecture de ce livre, laissez de côté vos
idées préconçues et vos doutes. Recevez avec un cœur
ouvert les divers témoignages et laissez-vous envelopper
de cette douce énergie d'Amour divin et angélique.
Prenez conscience de la présence des Anges. Ils sont là,
à côté de vous, vous protégeant et vous guidant chaque
instant de votre vie. Écoutez bien le message qu'ils vous
laissent, car il est aussi donné pour l'humanité entière.

C'est dans le partage de ces instants d'infini et
d'Amour divin que les Anges nous apportent que nous
nous rapprochons les uns des autres et que nous gran-
dissons ensemble vers un monde meilleur.

Je remercie Elizabeth de m'avoir permis de partager ce travail, car j'ai beaucoup appris sur les Anges et
sur l'au-delà.

Dianne L'Espérance

Introduction

Un jour où je terminais la lecture du livre de Michel Coquet, *Dévas ou les mondes angéliques*, une petite voix me dit: «Tu vas écrire un livre sur les Anges.» Tout de suite, je me suis dit: «Ce n'est pas vrai, je viens juste de terminer celui sur le Reiki! Je ne me sens pas prête à en commencer un autre maintenant!»

J'ai donc demandé une trêve aux Anges. Nous étions au mois de mai et je leur ai proposé un répit jusqu'à la fin du mois d'août. Le mois de juillet n'était pas encore terminé que je commençais à recevoir toutes sortes de livres sur les Anges. (Je reçois régulièrement des publications de différentes maisons d'édition pour que je les présente dans ma chronique de livres dans la revue *Vie et Lumière*.) Au début du mois d'août, les gens qui venaient me rencontrer m'apportaient, comme par hasard, eh oui, vous l'avez deviné... des Anges! Je n'en revenais pas! Tous les jours, il se passait quelque chose me rappelant que je devais entreprendre l'écriture de ce livre sur les Anges. Incroyable, n'est-ce pas? Il y a même une gentille dame qui m'a fait parvenir un Ange par la poste croyant que j'en faisais la collection.

Un jour où j'étais invitée au Nouveau-Brunswick, les gens qui m'ont accueillie à Bathurst m'ont offert un superbe Ange. Pendant la rédaction de ce livre, ces dons se sont poursuivis. J'avoue en être très heureuse. Maintenant, grâce à tous ces gens, j'ai une belle petite collection d'Anges dont je raffole!

Les Anges se sont insinués en moi d'une façon très subtile et merveilleuse. À maintes reprises, j'avais eu l'intuition d'offrir aux gens qui venaient vers moi l'occasion de connaître le nom de leur Ange. Je possède un livre de Haziel intitulé *Rituels et Prières*. Dans cet ouvrage, on peut trouver le nom de l'Ange de la journée de notre naissance et la prière que nous devrions lui adresser. Chaque fois que j'ai lu la prière à l'Ange en question, le texte était vraiment en rapport avec ce que la personne concernée vivait à ce moment-là!

C'était fascinant! Fait encore plus étonnant: lorsque je voulais donner ce genre d'information à quelqu'un, seulement pour le plaisir de la chose, cela ne fonctionnait jamais! J'ai trouvé cela très mystérieux. On aurait dit que mon action était efficace seulement lorsque c'était la volonté des Anges.

Alors, je me suis mise à réfléchir à mes propres expériences avec eux. Avais-je expérimenté leur présence? J'ai fouillé dans ma mémoire et j'ai découvert qu'à l'âge de seize ans, j'avais fait de l'autostop et je m'étais fait agresser par le conducteur. Après m'être débattue pendant un certain temps, je réussis à sortir de la voiture, les vêtements tout déchirés et en sanglots. Je courus affolée jusqu'à ce qu'un bon Samaritain (un Ange?), chauffeur de taxi, me prît à bord de son automobile. Il m'a demandé ce qui m'arrivait. Je lui ai expliqué ma tragédie et il est venu me reconduire de façon à me protéger, même si je n'avais pas un sou pour le payer.

Il y a à peu près six ou sept ans de cela, je conduisais ma voiture par une sombre journée d'hiver sur le boulevard Henri-Bourassa en fredonnant un chanson de Bette Midler qui dit que Dieu nous surveille à distance (*God is watching us from a distance*). J'avoue que je me sentais très heureuse et confiante jusqu'au moment où ma voiture se mit à tourner au beau milieu de la rue. En avant et en arrière, d'énormes camions venaient vers moi à toute vitesse. Je me suis sentie quand même très protégée; comme par magie, je suis demeurée calme et j'ai vu un miracle se produire sous mes yeux. Le temps s'est arrêté, j'étais seule au milieu de cette rue et je pouvais voir les camions comme s'ils étaient au ralenti. J'ai eu le temps d'atteindre l'autre côté de la rue, en sens inverse, et je me suis arrêtée juste à temps pour voir ces énormes camions passer à côté de moi. Quelle main me protégeait ce jour-là? Était-ce mon Ange gardien ou plusieurs Anges? En fin de compte, quelle importance? J'ai été sauvée et j'en suis très reconnaissante.

J'ai vécu une expérience hors de l'ordinaire durant un traitement énergétique. Pendant que je travaillais sur les corps énergétiques d'une personne, j'ai reçu l'inspiration de répéter trois fois le Notre Père à chacun de ses chakras, ce que j'ai fait immédiatement. J'ai vu intérieurement le corps énergétique de cet homme, étendu dans l'univers sur un lit de lumière bleue, attaché avec quatre ceintures de lumière bleue.

Devant lui, je voyais un tunnel de nuages bleu pâle avec, à son extrémité, de la lumière dorée. De son plexus solaire sortait une brume noire qui se dirigeait dans le tunnel, vers la lumière. Il remettait à l'Univers, afin d'être purifié dans la lumière dorée, tout le négatif qu'il avait accumulé en lui. Il se libérait d'une partie des formes-pensées négatives qui lui grugeaient l'âme.

J'ai entendu dans mon for intérieur ce message: «Je suis ton frère et je t'attendais depuis longtemps.» À ce moment, une émotion m'envahit. La vision et le message continuaient: «Ton Ange se tient devant toi et il veut t'envoyer de l'énergie. Est-ce que tu l'acceptes?» Je répondis: «Bien sûr.» Alors il répliqua: «Reçois dans ton troisième œil cette énergie d'amour, tu ne manqueras plus jamais d'énergie.»

J'étais très émue et en même temps je ressentais énormément de gratitude. Puis l'homme me dit: «L'Ange a demandé qu'à la fin de ce traitement, nous récitions ensemble le Notre Père en nous regardant dans les yeux.» Quelle fut ma surprise qu'il ait, lui aussi, reçu le message de réciter cette prière! Nous avons obéi à cette demande et nous en avons été très heureux.

J'ai passé une semaine à Caraquet, au Nouveau-Brunswick, dans un chalet au bord de la mer. Ce qui s'est produit à cet endroit m'a beaucoup touchée. La veille de mon retour à Montréal, j'avais fait une prière pour obtenir la grâce de voir la mer très agitée, car j'aime beaucoup regarder les vagues recouvertes d'écume blanche. J'avais commandé une superbe tempête.

Ce même après-midi, j'ai changé d'idée et demandai à Dieu le plaisir de contempler une ciel étoilé une dernière nuit. Le soir venu, j'eus la joie de constater que le Seigneur m'avait accordé de voir non seulement la mer agitée en envoyant un vent extraordinaire, mais aussi un ciel rempli d'étoiles que je pouvais admirer grâce à une pleine lune qui servit de lumière toute la nuit! Mon beau rêve était devenu réalité.

Avant de quitter le lendemain après-midi, je pris quelques instants pour aller remercier la mer et la saluer. Elle était alors d'un calme plat. Au moment où je l'ai saluée, elle s'est agitée en créant de superbes vagues comme je les aime tant! Marie Cayouette, mon organisatrice, qui était avec moi, me dit: «Regarde, Elizabeth, la mer te salue elle aussi.» J'ai ressenti une grande émotion dans mon cœur et des larmes sont apparues dans mes yeux. Je n'oublierai jamais ce moment sacré passé en compagnie des Ondines et de tous les Êtres angéliques qui régnaient dans la joie et l'harmonie de cet endroit merveilleux.

Une autre surprise m'attendait dans ce chalet au bord de la mer: j'y ai fait la connaissance de Alphéda, la mère de Marie, qui protège ce lieu sacré. Pendant que je dormais, Alphéda me réveillait au doux son de ses chants pour me prévenir que je devais ajouter du bois dans le poêle afin que le feu ne s'éteigne pas et que nous ne prenions froid.

C'est grâce à Marie que j'ai pu partager avec vous le poème: «La plainte d'un Ange» que sa mère Alphéda avait composé dans son jeune âge. Merci, Alphéda, toi qui es un Ange maintenant, de t'être manifestée pour nous, en nous offrant en héritage ce merveilleux poème qui sera dorénavant immortalisé dans ce livre, grâce à ta générosité et à ton amour.

Une amie m'a raconté une expérience qu'elle a vécue en 1989 à Londres, en Angleterre. Elle était à ce moment-là dans un éveil spirituel après une période de vingt ans pendant laquelle elle ne pensait qu'à mourir. Un jour qu'elle marchait, songeuse, en revenant de son travail, elle vit soudainement une automobile venir dans sa direction à une bonne vitesse. Elle n'a même pas eu le temps de réfléchir à ce qu'elle allait faire. Elle a senti une force qui la prenait, la soulevait de terre et la plaçait à un ou deux mètres plus loin, à un endroit où elle ne risquait plus d'être happée.

Elle se demanda qui l'avait saisie de la sorte. Elle regarda autour d'elle toute surprise, et comme il n'y avait personne, elle murmura: «Merci mon Dieu, merci de me protéger comme cela. Je sais que je te donne beaucoup de travail car je ne fais pas attention à moi. Merci mon Ange gardien.» Puis elle continua son chemin, mais avec une plus grande conscience dans son action.

Première partie

Les Anges de la guérison

Qui sont ces Anges ?

Bonne question n'est-ce pas? Ces «Anges» nous sont présentés de différentes façons. Pour certains, ce sont des Êtres lumineux qui portent de grandes robes blanches et déploient des ailes majestueuses. Pour d'autres, ce sont des parents décédés qui deviennent leur protecteur. Plusieurs personnes les qualifient de guides; quelques-uns les considèrent comme des extraterrestres.

De toute façon, il y a ici matière à recherche. Mais où vais-je commencer? Est-ce que je débute en tournant mon regard vers l'extérieur de moi-même ou vers mon for intérieur?

Je choisis le regard intérieur. Lorsque nous réfléchissons aux «Anges», où pensons-nous qu'ils habitent? Certains répondent qu'ils vivent dans le ciel et d'autres suggèrent qu'ils se tiennent de chaque côté de nous, nous conseillant et nous guidant sans cesse. Tout cela me semble très plausible, excepté que je sens profondément qu'ils habitent à l'intérieur de nous, qu'ils travaillent constamment à répondre à nos moindres pensées.

Je crois qu'ils sont logés dans nos chakras et dans nos corps subtils. Dès qu'une de nos pensées surgit, une hiérarchie complète d'Anges se met à notre service. Ceux qui sont près de nous préviennent le niveau supérieur de notre demande et ceux-ci font de même avec le niveau au-dessus d'eux et ainsi de suite... et tout cela afin de créer notre pensée! Voilà pourquoi je demande à mes élèves d'effacer toutes les pensées inutiles ou incomplètes qu'ils ont pu formuler depuis le début des temps.

Car l'espace est pollué de nos pensées non accomplies. Si chacun fait cette démarche de nettoyage de l'espace qu'il a pollué involontairement une foule inimaginable de répercussions bienfaisantes rejaillira dans l'univers. Ce travail conscient est notre responsabilité. Nous devons cesser de faire travailler des myriades d'Anges inutilement en pensant à n'importe quoi ou en faisant des prières imprécises.

Les Anges sont des rayons d'énergie de différentes couleurs qui s'apparentent aux couleurs des chakras et des corps énergétiques. Nous connaissons seulement les sept premiers chakras et leurs couleurs: celui de base, de couleur rouge; celui de créativité situé sous le nombril, de couleur orange; celui du plexus solaire de couleur jaune doré tel un soleil du midi; celui du chakra du cœur, d'un vert émeraude; celui de la gorge, d'un bleu ciel d'été; celui du troisième œil, de couleur indigo telle une nuit pure étoilée; et celui de la couronne, de couleur violet!

Plusieurs personnes ont identifié les Anges tel des rayons de six mètres d'un violet extraordinaire! Que penser de ces manifestations? Est-ce la façon dont les Anges se présentent à nous la première fois? Parfois, nous les voyons du côté de l'œil comme des éclairs de lumière blanche dorée; étonnés, nous fermons les yeux croyant avoir un problème de la vue mais, surprise! la vision demeure avec nous, même lorsque nous avons les yeux fermés.

C'est le début: le premier contact avec les Esprits angéliques a été fait. Si nous ne paniquons pas, nous verrons s'ouvrir devant nous un cercle de cette lumière blanche dorée et toutes sortes de couleurs merveilleuses indescriptibles à l'intérieur desquelles brille un bleu d'une beauté inoubliable! Et nous rêverons sans cesse au prochain contact!

Selon l'enseignement traditionnel, il existe toute une hiérarchie angélique présentée dans l'ordre suivant. La première sphère: les Anges qui servent comme conseillers célestes; ce sont les Séraphins, les Chérubins et les Trônes. La seconde sphère: les Anges qui travaillent comme gouverneurs célestes; ce sont les Dominations, les Vertus et les Puissances. La troisième sphère: les Anges dont la fonction est d'être des messagers célestes; ce sont les Principautés, les Archanges et les Anges.

Beaucoup d'auteurs ont écrit sur ce sujet. Je préfère me concentrer sur ceux qui nous guident sur le plan de la guérison spirituelle: les Archanges Gabriel, Raphaël, Michaël, Anaël, Sachiel.

Les Archanges et les Anges de la guérison

Gabriel

Son nom veut dire «Dieu est ma force». Cet Archange inspire nos bons désirs, nos aspirations et nos espoirs.

33

Cet Être de Lumière nous accorde aussi la joie, la miséricorde, les mystères, la vérité, la justice, les miracles et l'amour. Les Esséniens le priaient de cette façon: «Gabriel, Ange de la vie, entre dans mes membres et renforce tout mon corps.»

Michaël

Son nom signifie «Qui est comme Dieu». Cet Ange nous accorde des miracles. Il encourage la miséricorde, la repentance, la vérité, la sanctification, la bénédiction, l'immortalité ainsi que la patience et l'amour. Michaël est le gardien de la paix, de l'harmonie et de la coopération globale. Les Esséniens le priaient ainsi: «Michaël, Ange terrestre, entre dans mes organes régénérateurs et régénère tout mon corps.»

Raphaël

Son nom veut dire «Dieu guérit». Il accorde la guérison de tous les êtres ainsi que de la planète elle-même. Cet Être de Lumière accorde les miracles, la joie, la guérison, l'amour et la grâce. Il favorise les prières, encourage la science et la connaissance. Invoquez Raphaël si vous travaillez pour une guérison personnelle ou globale, que ce soit pour une maladie, un abus ou une dépendance quelconque. Les Esséniens le priaient de cette façon: «Raphaël, Ange solaire, entre dans mon centre solaire et donne le feu de la vie à tout mon corps.»

Anaël

Cet Ange est en charge de l'amour, de la passion et de la romance. Vous pouvez le prier pour une âme sœur ou pour guérir une relation amoureuse. Il est le Maître de l'élément air. Les Esséniens le priaient de cette façon: «Anaël, Ange de l'air, entre dans mes poumons et donne l'énergie vitale à tout mon corps.»

Sachiel

Cet Ange domine les eaux. Il nous aide à être en contact avec nos pouvoirs intuitifs. Il nous encourage aussi à être conscients de nos sentiments les plus profonds. Les Esséniens le priaient de cette façon: «Sachiel, Ange de l'eau, entre dans mon sang et donne l'eau de la vie à tout mon corps.»

Voici quelques Anges qui sont spécialement réceptifs à toutes les prières: Akatriel, Métatron, Raphaël, Sandalphon, Michaël. Sachant que les Anges veulent aider tous les êtres vivants, vous pouvez les prier souvent. Ils vous répondront eux-mêmes ou ils transmettront votre prière au Créateur. Parlez-leur en vos propres mots. Racontez-leur vos problèmes. Demandez-leur de vous aider et soyez à l'écoute du message que vous recevrez. Les Anges communiquent avec nous à travers nos sentiments, notre imagination et nos rêves. Soyez attentifs à leur présence en tout temps.

Je crois que les Anges sont des formes, des images ou des expressions à travers lesquelles les essences et les forces énergétiques de Dieu peuvent être transmises. Le plus grand service que nous puissions rendre aux Anges est de ne pas limiter leur façon de se présenter à nous.

Dorée D'Angelo nous dit que chaque soir et chaque matin, nous devrions remercier notre Ange gardien pour la paix et la régénération de toutes les cellules de notre corps ainsi que pour la joie.

«Les Anges nous disent que la pratique de la méditation nous aide à rester jeune et nous libère des effets du stress. Durant votre méditation, vous pouvez visualiser de magnifiques anges transmettant leur beauté dans votre âme. Ils nous suggèrent aussi l'exercice physique. Nous pouvons également leur demander de l'aide pour respecter notre diète, pour nous guider vers la vraie source de notre douleur et nous montrer comment nous en libérer de façon naturelle et pour notre bien-être. N'oubliez pas que la maladie peut être tout simplement une expérience pour vous permettre une transformation intérieure. Prenez soin de vous-même, faites les bons pas vers la guérison et voyez les miracles s'accomplir.»

Archange Gabriel
Rayon doré

Archange Uriel
Rayon rouge

Archange Michaël
Rayon bleu

Archange Raphaël
Rayon vert

Exercice avant la méditation

Voici un petit exercice de la tête à faire avant votre méditation qui sert aussi de prière. Il vous donnera la souplesse dont vous avez besoin pour vous sentir plus à l'aise lorsque vous méditerez pendant une bonne période de temps. Il permettra aussi à l'énergie de mieux circuler dans tout votre corps.

En penchant votre tête vers l'avant le plus bas possible, répétez trois fois: «Père, je te salue.»

Ensuite, en penchant votre tête vers l'arrière, répétez trois fois: «Père, je te reçois.»

Puis en tournant votre regard vers la gauche, répétez trois fois: «Père, Tu es à ma droite.»

En tournant la tête vers la gauche maintenant, répétez trois fois: «Père, Tu es à ma gauche.»

Faites ensuite une rotation complète par en arrière du côté droit, en répétant trois fois: «Père, je reçois Ton Énergie de guérison et Ta Lumière.»

En dernier, effectuez une rotation complète par en avant en partant du côté gauche et en répétant trois fois: «Père, je suis Lumière! Que Ta volonté soit faite!»

Dans cette prière :

Salue   = respect ; bonjour ; Dieu redresse tous ceux qui fléchissent.

Reçois   = Dieu est proche dans tous ceux qui l'invoquent vraiment.

Droite et gauche   = la présence de Dieu est partout à droite et à gauche en tout temps.

Rotation arrière droite   = Lumière et guérison passent en moi par Dieu.

Rotation avant gauche   = faire partie de la Lumière de Dieu en Sa volonté.

Je remercie Albert de nous avoir fait partager cet exercice de préparation à la méditation.

Comment communiquer avec les Anges

Nous désirons tous communiquer avec nos Anges, mais ne savons pas comment procéder. Nous devons premièrement bien nous enraciner dans la terre et nous mettre dans un état de réceptivité. Pour y arriver, voici une technique très efficace.

La méditation avec les Anges

Avant de commencer votre méditation, demandez aux Archanges de se placer aux quatre coins de la pièce où vous méditez de cette façon : Gabriel à gauche en face de vous, Uriel à votre droite, Michaël en arrière à votre droite et Raphaël en arrière à votre gauche. Puis, placez Sandalphon sous vos pieds, Métatron en face de vous et au-dessus de votre tête vous pouvez aussi inviter le grand Melchizédek à vous guider. Pour aider à la transformation de la terre, demandez Sanat Kumara. Enfin, remplissez la pièce de lumière blanche.

1. Assoyez-vous comfortablement sur une chaise, les pieds touchant le sol fermement et fermez les yeux. Ou si vous préférez, assoyez-vous par terre les jambes disposées en forme de lotus, gardez le dos bien droit afin de permettre à votre colonne vertébrale

de s'allonger et déposez vos mains sur vos cuisses. Vous êtes maintenant prêt pour l'exercice d'enracinement.

2. Portez votre attention sur votre corps en commençant par vos pieds. Puis, doucement, élevez votre conscience dans vos cuisses, votre torse, vos bras, votre cou et votre tête. Restez toujours en contact avec votre respiration : inspirez, expirez...

3. Imaginez-vous entouré de Lumière. Respirez de cette Lumière et remplissez-en votre corps.

4. En expirant, laissez sortir la tension, toute douleur que vous ressentez dans vos mâchoires, votre visage, vos épaules ainsi que les tensions qui pourraient être logées ailleurs dans votre corps. Continuez à inspirer la Lumière et à expirer les tensions jusqu'à ce que vous deveniez calme et détendu.

5. Si des pensées surgissent, ramenez votre attention à votre respiration.

6. Vous pouvez maintenant commencer à visualiser en partant de votre chakra rouge situé à la base de votre colonne vertébrale, des racines qui descendent dans vos fesses, vos cuisses, vos jambes, vos chevilles, vos pieds et vos orteils et qui descendent dans la terre, dans une terre très ferme qui les retient solidement.

7. Continuez à respirer la Lumière et expirer toute tension, et ce faisant, visualisez vos racines solidement ancrées qui vous relient avec beaucoup de sécurité au centre de la Terre.

8. Imaginez maintenant que vous respirez à travers vos racines et inspirez de cette belle énergie tellurique comme si vous retiriez du liquide par une paille. Faites circuler cette énergie de la Terre à l'intérieur de votre corps jusqu'à ce qu'elle remplisse votre cœur.

9. Élevez maintenant votre conscience au-dessus de votre tête, sur le chakra de la couronne. Visualisez ce chakra s'ouvrir telle une fleur de lotus à mille pétales s'ouvrant doucement les uns après les autres. De ces pétales, voyez s'élever de longs rayons se dirigeant dans l'univers. Imaginez ces rayons vous reliant au Soleil, à toutes les planètes et aux étoiles.

10. En inspirant et en expirant profondément, voyez descendre dans ces rayons l'énergie universelle qui pénètre dans tout votre corps en passant par votre couronne. Laissez cette énergie se rendre dans votre cœur et le remplir de Lumière. Sentez-la remplir votre corps tout entier.

11. En inspirant et en expirant profondément, faites circuler l'énergie de la Terre et celle des cieux dans tout votre corps. Faites rencontrer ces deux énergies dans votre cœur. Permettez-leur d'affluer ensemble dans votre cœur. Continuez à respirer l'énergie tellurique vers le haut et celle des cieux vers le bas et laissez-les se rencontrer dans votre cœur. Vous êtes maintenant ancré solidement entre ciel et terre.

12. Ces exercices terminés, devenez conscient de votre corps à l'endroit où vous êtes assis. Sentez votre respiration s'élever et tomber. Sentez les battements de votre cœur. Prenez conscience de tous les sons

qui vous entourent. À votre rythme, ouvrez doucement les yeux.

Regardez autour de vous. Remarquez comment vous vous sentez différent. Votre conscience d'être est plus élevée. Prenez le temps, si vous le désirez, d'écrire dans votre journal vos impressions et ce que vous ressentez en ce moment. N'oubliez pas de noter la date de votre expérience.

L'invocation des Anges

Voici un simple chant qui vous permet d'harmoniser votre corps avec les Anges grâce aux sons. Ce chant contient seulement quatre mots, dont trois sont répétés trois fois; le quatrième n'est chanté qu'une seule fois à la fin. Vous pouvez répéter ce chant autant de fois que vous le désirez. Chaque mot est chanté sur la même tonalité.

Les Anges recommandent la note do aigu, mais vous pouvez utiliser n'importe quelle note avec laquelle vous vous sentirez à l'aise. Exercez-vous jusqu'à ce que vous trouviez la note qui vous convient. Voici les mots:

Iii Nou Réh
Iii Nou Réh
Ill Nou Réh
Zé

Chaque mot a sa propre signification. *Iii* signifie: «Tout ce que je sais qui n'est pas physique, mon esprit et mes émotions.» *Nou* veut dire: «Mon corps physique.» *Réh* signifie: «Mon âme.» Enfin, *Zé* veut dire: «En compagnie des Anges.»

Ensemble, les mots de ce chant signifient: «J'apporte tout mon être, esprit, émotions, corps et âme, dans la compagnie des Anges.» C'est une manière facile et rapide d'invoquer les Anges, une façon de leur dire: «Anges, je suis maintenant disponible à être en votre présence.» C'est simple et ça fonctionne!

Comment travailler avec les Anges

Quand nous sommes fatigués ou tristes, il est possible d'aller chercher la guérison auprès de notre Ange. Voici comment procéder :

Plus vous sentirez la présence palpable de votre Ange, plus il pourra vous donner de son énergie et de son amour. Dans les moments difficiles, sentez votre Ange enrouler ses ailes autour de vous. Une étreinte de votre Ange peut être une guérison en soi.

Le cœur est un organe vital, essentiel à notre bien-être physique, émotionel et spirituel. Il nous relie à nos Anges. Quand nous ouvrons notre cœur à ces derniers, nous nous « connectons » à notre capacité d'amour et de compassion. Nous expérimentons tous à un moment donné des problèmes du cœur, telles des sensations de solitude, de heurt, de regret et de blâme. En travaillant avec nos Anges, nous pouvons guérir ces sensations et développer plus d'estime de soi, plus d'acceptation pour nous-même et pour les autres.

La Terre a un grand besoin d'amour de nos jours. Nous avons tellement abusé de sa générosité ! Notre tâche principale maintenant est de lui venir en aide. Certes, la Terre sait comment se guérir, alors ce que nous avons à faire pour la soutenir est de nous brancher sur elle, sur l'Ange de la Terre et à Sanat Kumara, et trouver quelle est l'action appropriée pour que sa guérison puisse être donnée à n'importe quel temps. En procédant ainsi, nous n'envoyons pas seulement de l'énergie de guérison à la planète, mais nous laissons savoir aux Esprits de la nature et aux Anges que nous sommes prêts à travailler en harmonie avec eux! En vous réunissant en petits groupes, vous pouvez activer la guérison de la planète.

Si vous connaissez d'autres personnes qui dialoguent avec leurs Anges ou si vous avez déjà guidé des méditations de groupe, vous commencerez à ressentir l'énergie collective s'approfondir et s'élargir dans votre groupe. Vous serez prêts à travailler avec les Êtres angéliques supérieurs.

Un Ange pour chaque jour

Voici quelques indications sur les grands Archanges qui vous aideront à diriger votre pensée dans vos invocations envers eux et à vous souvenir chaque jour de ces puissants Esprits.

Pour le **lundi**, nous suggérons d'invoquer l'Archange Uriel, qui correspond au chakra de la base de la colonne, chakra de la survivance, de la sécurité, de l'ancrage, de la confiance et de l'intuition spatiale. L'élément attribué à Uriel est la Terre, et son règne est celui des minéraux; sa couleur est le rouge.

Pour le **mardi**, nous suggérons d'entrer en contact avec l'Archange Sandalphon, qui correspond au chakra de la sexualité, de la créativité, de l'intimité, de la sensualité et de la clairsentience, situé à environ cinq centimètres sous le nombril. L'élément de cet Archange est l'eau et son règne est le végétal; sa couleur est orange.

Pour le **mercredi**, nous proposons l'Archange Gabriel, qui correspond au chakra du plexus solaire, chakra du pouvoir, de l'accomplissement, de l'image de soi et de la sensibilité aux vibrations des autres. L'élément de Gabriel est le feu et le règne animal lui est attribué; sa couleur est le doré.

Pour le **jeudi**, nous contacterons l'Archange Raphaël, qui correspond au chakra du centre de la poitrine ou du cœur, chakra de l'amour, de la compassion, du pardon, de l'abandon en Dieu, de l'acceptation et de l'empathie. Le règne qui lui est dédié est le règne humain; sa couleur est le vert.

Pour le **vendredi**, nous penserons à l'Archange Michaël, qui correspond au chakra de la gorge, celui de la communication, de la spontanéité, de la clairaudience, le chakra par lequel nous écoutons et disons la vérité. L'élément de Michaël est l'éther, cette substance subtile que les Anciens soupçonnaient de remplir les espaces intersidéraux. Son royaume est celui des Anges et sa couleur est le bleu.

Pour le **samedi**, nous proposons l'Archange Métatron, qui correspond au chakra du troisième œil situé au milieu du front et qui concerne l'intuition, le discernement, la sagesse, la vision spirituelle et la clairvoyance. L'élément de cet Archange est le cosmos, c'est-à-dire l'Univers considéré comme un tout organisé et harmonieux. Son royaume est celui des Archanges et sa couleur est l'indigo.

Pour le **dimanche**, nous nous souviendrons de Melchizédek, qui correspond au chakra de la couronne situé sur le dessus de la tête. Ce chakra est celui du Soi, de la spiritualité et de la conscience cosmique. L'élément de ce grand Être est le Ciel empiré, qui est cette partie du Ciel la plus éloignée de la Terre et regardée comme le séjour des divinités supérieures. C'est aussi le lieu du parfait bonheur. Le royaume de Melchizédek est celui du Créateur; sa couleur est le violet.

Un Ange pour chaque partie du corps

Si l'énergie d'un Ange particulier est bloquée, vous pouvez sentir une réaction dans la partie de votre corps qui lui correspond. Par exemple, une douleur dans le bas du dos peut signifier que vous êtes en train de vous concentrer sur l'illusion de pénurie plutôt que sur la Réalité de la substance omniprésente, obstruant de cette façon le Pouvoir et l'influence de l'Ange de l'Abondance.

Chaque fois que vous ressentez une faiblesse ou un malaise dans une partie de votre corps, il serait sage de parler à l'Ange approprié et de voir ce que vous pouvez faire pour effacer les projections de l'ego.

Parlez à l'Ange de l'Amour inconditionnel et de la Liberté pour: le système circulatoire incluant le tonus du cœur, les artères et les capillaires, la pression artérielle et le cholestérol, le système nerveux central qui inclut le cerveau et la corde spinale, les maux de tête et les désordres du sommeil.

Parlez à l'Ange de l'Illusion et de la Réalité pour: le système respiratoire, qui inclut le nez, la trachée-artère et les poumons, les grippes et la congestion, le système nerveux général, la vigilance et la concentration.

Parlez à l'Ange de la Sagesse créative pour: la poitrine, le système digestif incluant l'estomac et les intestins, les crampes, la nausée et l'indigestion.

Parlez à l'Ange de l'Abondance pour: la gorge, les reins, le bas du dos (la partie lombaire), l'inflammation et la douleur.

Parlez à l'Ange du Pouvoir et de l'Autorité pour: la tête, la face, les os de la face, les maux de tête et les allergies reliées à la tête.

Parlez à l'Ange de la Compréhension spirituelle pour: la gorge, le cou, le larynx, la glande thyroïde, la nervosité et les problèmes de poids.

Parlez à l'Ange des Relations amoureuses pour: les yeux, les oreilles, les poumons, les mains, les bras, les épaules, la vue, l'ouïe, la congestion, les foulures et les fractures.

Parlez à l'Ange de la Victoire et du Triomphe pour: les seins, la poitrine, l'estomac et les organes digestifs, les douleurs abdominales, l'indigestion et les ulcères.

Parlez à l'Ange de l'Ordre et de l'Harmonie pour: les reins, les lombes, les os et la peau de la région lombaire, l'accumulation des déchets, la haute pression sanguine et le mal de dos.

Parlez à l'Ange du Discernement pour: les voies d'évacuation, les intestins, le système nerveux, la constipation, la diarrhée et les colites.

Parlez à l'Ange des Cycles et des Solutions pour: le foie, la glande pituitaire, les infections, la jaunisse, la cirrhose et la croissance physique.

Parlez à l'Ange de la Force et de la Volonté spirituelles pour: le cœur, la colonne, le dos, les problèmes du cœur, le durcissement des artères, les attaques de cœur et le mal de dos.

Parlez à l'Ange de la Renonciation et de la Régénération pour: le système nerveux général, les thalamus, le contrôle émotionnel, l'activité du cerveau correspondant aux impulsions sensorielles.

Parlez à l'Ange de la Mort et de la Renaissance pour: les organes urinaires et sexuels, le système reproductif, la cystite, la vaginite, l'impuissance et la stérilité.

Parlez à l'Ange de la Patience et de l'Acceptation pour: les hanches, les cuisses, le foie, l'excès de poids dans les hanches et les cuisses, la sensibilité, l'inflammation et les infections du foie.

Parlez à l'Ange de la Matérialité et de la Tentation pour: les genoux, les os, les jointures, les dents, le rhumatisme, l'arthrite et les problèmes de dentition.

Parlez à l'Ange du Courage et de la Persévérance pour: les glandes adrénales, le système urogénital, les ovaires, les testicules, la difficulté de s'adapter au stress, la peur et les problèmes sexuels.

Parlez à l'Ange du Service et de la Synthèse pour: les devants du tibia, les chevilles, les jambes, le sang et la circulation, les fractures, les ecchymoses, les entorses et les varices.

Parlez à l'Ange de l'Imagination et de la Libération pour: les pieds et les orteils, le système lymphatique, les pieds d'athlète, les ampoules, les durillons, les ongles d'orteils incarnés et une circulation pauvre.

Parlez à l'Ange de la Vérité et de l'Enluminement pour: le cœur, le dos, les glandes endocrines, les problèmes du cœur, le mal de dos et les infections.

Parlez à l'Ange de la Parole créatrice pour: le système circulatoire, le système reproductif, des capillaires faibles, un cœur détérioré et une sexualité déficiente.

Parlez à l'Ange du Succès pour: la peau, les cheveux, la structure squelettique, un tonus de peau déficient, des rides excessives, la perte anormale de cheveux, des os aisément cassables.

Deuxième partie

Quelques témoignages

Lina Materrazzo

Lina Materrazzo, épouse, mère et conférencière, canalise un groupe d'Anges-Chérubins dont Théodore est le porte-parole.

Elizabeth Dufour: Lina, j'aimerais connaître la manière d'entrer en contact avec les Anges et qu'est-ce que l'on ressent en leur présence?

Lina Materrazzo: Chacun a son Ange gardien et la façon d'entrer en contact avec lui est d'élever sa conscience et d'ouvrir son cœur. N'oubliez pas que les Anges sont nos guides et qu'ils se font un plaisir de nous aider!

Grâce à la méditation, nous élevons nos vibrations et cela nous permet de reconnaître que nous ne sommes pas uniquement notre corps physique, mais beaucoup plus que cela. Nous sommes une vibration, une âme, une spiritualité, et nous avons le pouvoir de contacter les autres âmes, les autres énergies ou les autres vibrations, quelles soient incarnées ou non. Quand nous acceptons que nous sommes capables d'entrer en contact avec ces autres vibrations, les expériences commencent enfin à se produire.

Ma première expérience s'est produite par un contact télépathique avec mes guides spirituels. Je recevais des messages, des informations, par exemple de me rendre à tel ou tel endroit, de communiquer avec telle ou telle personne sans que je la connaisse. Dans cette période de mon évolution, j'expérimentais de la difficulté à communiquer avec les êtres humains. Il m'était plus facile de communiquer avec les êtres non incarnés, mais les Anges m'ont fait rencontrer des gens pour m'aider à surmonter ce problème. Ce genre de communications télépathiques avec quelques-uns de mes guides spirituels n'a duré qu'une certaine période, car nos guides changent, nos Anges gardiens également, selon les expériences que nous vivons et selon les ouvertures de conscience que nous réussissons à faire.

Un jour, j'ai senti une vibration m'envahir. Cette vibration avait la particularité de se manifester en la personne d'un Sage; je ne l'appelais donc plus un guide spirituel. Il est vrai que nous pouvons utiliser le même terme, mais nous pouvons aussi établir des différenciations selon ce que nous ressentons. Il est étrange que je te révèle cela à toi car l'entité dont je te parle s'est manifestée à moi au centre de méditation de ton Maître spirituel et il s'est présenté à moi comme étant Zéphirin. J'ai su au moment même qu'il allait utiliser mon canal pour se manifester. Je le voyais vraiment comme un vieux Sage. Il avait la fonction d'ouvrir et d'activer mon canal pour que je puisse accueillir la famille d'Anges avec qui j'aurais à travailler. Il était là pour ma guérison, les Anges viennent toujours pour la guérison, c'est là leur première mission. Et c'est par l'ouverture de la conscience que nous apprenons à nous autoguérir de toutes les peurs et de tous les maux, que ce soient ceux de l'âme ou du corps.

Quelque temps après, Théodore s'est manifesté. Théodore est le porte-parole d'une famille d'Anges-

Chérubins, bien qu'il ne soit pas lui-même un Ange. Les Anges-Chérubins qui m'accompagnent avec d'autres Anges apportent la guérison spirituelle pour inciter les gens à ouvrir leur conscience et plus particulièrement pour amener les enfants à ouvrir la leur.

Les enfants ont déjà, depuis leur naissance, une grande ouverture de la conscience. Ils sont déjà en contact avec le non-manifesté, le non-matériel et le monde invisible. Mais avec le temps, l'ouverture se referme à cause de l'éducation qu'on leur donne. Beaucoup d'exemples nous ont été donnés à ce sujet: lorsque les parents, mal à l'aise d'entendre leur enfant parler tout seul, lui demandent à qui il s'adresse, souvent ce dernier répond: «À mon Ange gardien». Les parents ne le croient pas et lui demandent alors de cesser ces folies!

À force d'entendre que tout cela n'est pas vrai, les enfants finissent par ne plus voir leurs Anges. Quel dommage! Lorsque nous apprendrons, en tant que parents, à conscientiser les enfants à la présence des Anges, à les laisser dire oui à leur Ange, ils grandiront avec une conscience accrue de l'existence de ces derniers.

Lorsque les enfants font des cauchemars, le même phénomène se produit: les parents leur disent que ce n'était qu'un rêve alors que ces enfants ont été en contact avec quelque chose qui était dans l'astral; ce cauchemar était une guérison que leur âme devait vivre. Les Anges-Chérubins sont là pour aider les nouveau-nés dans leur transition sur le plan terrestre. Ils aident également les parents à comprendre l'importance de garder leur canal ouvert, car il y a beaucoup d'âmes qui refusent l'incarnation. J'en suis une comme bien d'autres adultes ou enfants.

Beaucoup d'adultes sont des enfants blessés qui ont besoin d'un soutien, et les Anges existent pour les secourir. C'est ce que font les Anges-Chérubins avec tous ceux qui sont disponibles et ouverts à les rencontrer. Ils les aident à élever leur niveau de conscience afin de guérir leur âme, et à travailler sur leurs corps subtils. À travers mon expérience de médiumnité, j'ai fait des ateliers avec des enfants qui apprenaient à travailler sur les corps subtils. Il est très gratifiant de voir les jeunes s'ouvrir si spontanément. Ils savent très bien où ils doivent mettre leurs mains. Dans le dernier atelier, une petite fille de sept ans avait la possibilité de voir systématiquement les couches des corps subtils. Elle guidait les mains des autres enfants là où ils devaient toucher les énergies subtiles.

Les enfants comme les adultes ont tous leur façon de guérir sur le plan énergétique et ils retrouvent très vite ces mémoires-là, parce que les mémoires sont toutes à l'intérieur de nous. Nous n'avons qu'à les contacter. On ne va rien chercher ailleurs et on ne perd rien. Tout est là, inscrit dans notre for intérieur. C'est ce que nous appelons la notion du Tout. Et lorsque nous parlons des Anges, de Dieu, de la Lumière, tout cela fait partie de nous-même, même si nous avons souvent une image de nous qui nous laisse croire le contraire.

Marie-Noëlle Bermond

Marie-Noëlle Bermond a vécu un long séjour en Inde et au Népal. Elle a reçu l'enseignement de Maîtres hindous et fut initiée au raja et au kriya yoga. Après avoir été diplômée de l'École internationale de yoga traditionel, elle a enseigné le yoga pendant sept ans; elle donne des conférences et anime des séminaires.

Après trois ans d'enseignement au sein du World Institute of Technologies for Healing, en tant qu'instructrice, Marie-Noëlle Bermond a créé de nouveaux séminaires plus précisément axés sur l'expansion des champs de conscience et la croissance spirituelle. Cet enseignement est également offert sous forme de conférences. Elle est l'auteure du livre L'Être multidimentionnel *publié aux Éditions Quebecor.*

Elizabeth Dufour: Je sais que tu as eu des contacts avec des Êtres de Lumière et j'aimerais profiter de ton passage à Montréal pour en connaître davantage à ce sujet.

Marie-Noëlle Bermond: Un jour, j'étais avec un ami à Lyon, dans un café où les tables étaient toutes petites; nous étions assis l'un en face de l'autre. Nous nous contemplions sans parler. Tout d'un coup, venu comme de nulle part, un visage est apparu à sa gauche et les mots qui se sont imprimés dans ma conscience, au moment où je l'aperçus, étaient qu'il venait de très loin, à la fois sur les plans de l'espace et du temps. Puis ce visage s'est rapproché de moi, il est venu très près, légèrement au-dessus de moi. On aurait dit qu'une tête humaine coupée apparaissait dans l'espace du café.

Ce visage était d'une beauté absolument indescriptible; cette beauté n'était pas de ce monde, même si le visage était très «physique». L'Être était complètement androgyne, mais on pouvait distinguer qu'il s'agissait d'un homme. Sa beauté était telle que même la plus belle femme de la Terre ne pouvait l'égaler.

Puis il s'est rapproché, très très près de moi, de façon à ce que je puisse bien le voir. Ce qui m'a le plus frappée, c'est l'immensité de ses yeux. Ses yeux étaient disproportionnés par rapport à son visage, qui, lui, était complètement parfait. Les yeux étaient immenses: ils étaient trois fois plus grands que nature. Ils étaient d'un bleu qui n'est pas d'ici, qui n'est pas de la Terre. On aurait dit deux pierres précieuses bleues, derrière lesquelles on aurait placé deux lumières blanches de 1000 watts. Ça étincelait comme deux pierres précieuses.

Puis, j'ai regardé sa peau. Je pouvais bien le contempler, car il était à dix centimètres de moi. Au début, j'ai remarqué une peau parfaite comme du satin ou comme du velours et après un bon moment, je me suis rendu compte, en observant cette peau, que je voyais les cellules qui constituaient cette chair.

En fait, je me suis rendu compte que je voyais des atomes qui tournaient à une très grande vitesse et que cette chair n'était qu'une apparence. Elle était constituée de milliards d'atomes qui vibraient à une certaine fréquence pour un instant donné seulement. Ces atomes étaient en cohésion momentanément, et l'on sentait que tout pouvait disparaître. On sentait que ces atomes pouvaient se séparer. L'apparence de chair que cela donnait, qui était très réelle, je dirais très physique, pouvait disparaître, n'étant matérialisée que pour un instant. Ce n'était que de l'énergie en mouvement avec des fréquences vibratoires perceptibles à l'œil nu, créant cette cohésion d'atomes qui donnait cette apparence de chair.

Après avoir observé la chair, je suis retournée à ses yeux et il m'a fait un sourire absolument extraordinaire. J'ai plongé mes yeux dans les siens, et il a plongé son regard dans le mien. Au fur et à mesure que ses yeux pénétraient dans les miens, c'était comme s'ils entraient dans ma conscience.

Une communication intérieure a commencé sans voix, mais j'entendais les mots qu'il disait à ma conscience. Il parlait directement dans ma conscience. Il me disait que nous étions ensemble ailleurs, très loin, depuis si longtemps et que j'avais été choisie pour venir sur Terre afin d'aider pendant l'ère du Verseau, et qu'en réalité nous n'étions pas séparés, que nous n'avions jamais été séparés, mais que nous vivions tout simplement dans deux dimensions différentes. J'ai senti que nous avions une relation, mais qui n'était pas une relation de couple comme nous l'entendons sur Terre, mais bien une relation de fusion absolue. Je crois qu'il est mon âme jumelle, la vraie, celle que je recherche tant ici. Je crois que c'est lui ; en fait, c'est ce qu'il m'a laissé entendre.

Il m'a fait comprendre qu'il ne me quittera jamais, qu'il restera à côté de moi, juste au-dessus de moi. Alors, son sourire s'est agrandi, il m'a souri encore plus fort, plus intensément, et ses yeux ont de nouveau plongé dans les miens. Il m'a envoyé un tel amour que si l'on réunissait tout l'amour de la Terre, cela ne suffirait pas pour l'égaler. C'était tellement fort que mon corps physique n'a pu le supporter et je me suis presque évanouie. Je pleurais en plein milieu du café, j'avais complètement oublié l'ami qui était avec moi, qui, lui, n'avait rien vu, comme si cette scène n'avait été que pour moi.

Lorsque mon ami m'a demandé ce qui m'était arrivé, je me suis rendu compte que mon bel Être angélique avait disparu. Je ne pouvais arrêter de pleurer, j'ai cru que jamais je n'arriverais à m'en remettre. Je voulais partir pour retrouver cet Ange et revivre à nouveau auprès de lui. Même lorsque je suis rentrée à la maison ce soir-là et que je me suis mise au lit, je pleurais à gros sanglots, car je ressentais dans mon for intérieur un chagrin et une déchirure épouvantable à cause de la séparation. Pour moi, il était reparti. Tout à coup dans le noir, j'ai vu une petite lumière rouge juste à côté de moi et j'ai réalisé en la regardant que c'était un bâton d'encens. Quelle ne fut pas ma surprise de constater qu'il était là à côté de moi, tenant le bâton d'encens. Il m'a dit: «Je suis là, je ne t'ai pas quittée, je suis toujours avec toi.»

Pendant une longue période, j'ai pu voir sa forme lumineuse à mes côtés; il travaillait avec moi, lors de mes séminaires. Je sais qu'il est avec moi en permanence où que je sois. Il m'est arrivé de le revoir et cette fois, il s'est matérialisé entièrement. C'était lors de ma première initiation au Reiki. Au tout début de l'initiation, j'ai vu à gauche de mon maître Reiki, Sananda; à sa droite au-dessus d'elle, comme accoudé dans l'air de la pièce, dans l'espace, il était là, entier cette fois, avec un corps immense de deux mètres, son visage aussi beau, aussi rayonnant que la première fois. Il me regardait avec un grand sourire comme pour me dire: «Ah! te revoilà, ma fille!»

J'aurais beaucoup d'autres témoignages à partager et, qui sait, peut-être qu'un jour je le ferai.

Gregoria Kaiser

Témoignage de Gregoria Kaiser, praticienne de Reiki et hypno-thérapeute.

J'avais pris rendez-vous avec une hypnothérapeute de Vancouver Nord, Laura Lipchuck, qui travaille avec les saints Anges dans toutes ses thérapies, dans le but de traiter les traumatismes affectifs de mon enfance.

Laura me donna le deuxième rendez-vous le 24 mars 1994. Comme c'est la fête de saint Gabriel Archange ce jour-là, je l'invoquai dès le début de la journée, me plaçant sous sa protection spéciale. Je priai cet Archange tout le long de mon trajet car je demeurais à Vancouver et je devais prendre un autobus, le *sky train*, le *Sea Bus* et un autre autobus pour me rendre chez elle, à Vancouver Nord.

Nous jasâmes quelques minutes, après quoi Laura me mit sous hypnose et commença sa thérapie avec les Archanges Michaël, Gabriel et Raphaël. Je vis les Anges comme dans un clair-obscur; je les sentis indéniablement. Je sentis la main gantée d'argent de saint Michaël se poser sur mon plexus solaire. Son gantelet d'argent était plein de lumière comme un néon, sauf que l'énergie qui s'en dégageait était plus subtile et plus douce. Il laissa sa main sur mon plexus quelques instants pour guérir et effacer les douleurs qui y étaient emmagasinées.

Les Anges ont accès à notre âme et à notre esprit pour nous inspirer, nous guider et nous conseiller fortement. Ces Esprits de Lumière ont un pouvoir spécial pour nous illuminer intérieurement. Le moindrement que nous sommes à leur écoute, nous pouvons capter les messages et les inspirations qu'ils nous envoient. Nous sommes encore plus bénéficiaires de leur aide, de leur guidance et de leur support quand nous les invoquons avec une foi ardente.

Une fois sous hypnose, dans l'état alpha, je perçus le visage de saint Gabriel qui émanait de doux rayons comme une pleine lune brillante. Cet Archange maternel s'est penché sur moi; ses yeux bleus m'ont regardée longuement avec aménité. Son visage était plus féminin que masculin et contrairement à l'Archange Michaël, l'énergie qu'il dégage est plus féminine que masculine. Ses cheveux fins, de longueur moyenne, près des épaules, sont blonds et légèrement ondulés. Je vis ce bel Archange Gabriel comme si mon âme était un miroir et qu'il reflétait son image en moi, ou un peu comme lorsque l'on se mire dans une eau limpide et calme qui nous rend une image parfaite.

Les Anges m'enroulèrent plusieurs fois dans une immense couverture d'un blanc immaculé, à la fois ouateuse et laineuse. Je me retrouvai complètement enroulée comme dans un cocon. J'y étais paisible et je m'y sentais en sécurité comme un petit enfant dans son berceau. Mon abandon était total. Je me sentais comme dans une espèce de léthargie dans laquelle j'avais pourtant absolument conscience de tout. Je me vis couchée au pied des montagnes Rocheuses avec un dôme en verre très fin mais incassable au-dessus de moi. Les Anges couvraient mon corps et mon âme d'énormes fleurs blanches semblables à des dahlias. C'était une pluie de fleurs dont le parfum enivrant m'était inconnu.

Je vis l'Archange Michaël prendre tous mes mauvais souvenirs, sentiments, sensations, émotions et les emporter sur une très haute montagne lointaine et inaccessible, pour y être enfouis et détruits à tout jamais. Je sortis de cette thérapie complètement régénérée. Je me sentais pure, fraîche et innocente comme un nouveau-né. Je dis à Laura: «Je viens de vivre une nouvelle naissance.» Elle me répondit: «Vous ne pouvez mieux dire, c'est bien une renaissance que vous venez de vivre.»

Après la thérapie, Laura me déclara: «C'est étrange, j'ai appelé l'Archange Michaël et saint Raphaël, mais je n'ai pas eu besoin d'appeler saint Gabriel. Il était là depuis le début. Je lui répondis: «Cela ne me surprend aucunement car je l'ai prié de m'accompagner et de m'assister tout au long de cette journée puisque c'est sa fête aujourd'hui.»

J'eus une autre expérience avec les Anges lorsque j'ai reçu la première initiation de Reiki. Pour cet important événement, j'avais demandé à la sainte Trinité de se manifester. J'avais également invité sainte Thérèse de l'Enfant Jésus et de la Sainte Face ainsi que saint Antoine de Padoue d'être présents pour la transmission de cette énergie divine.

Je me sentis premièrement inondée d'une lumière bleue émanant du Père. Je sentis quelque chose de très particulier aux deux pieds, comme si on les oignait et qu'on les enrobait dans des sandales composées de pierreries d'argent; c'est du moins ce que je visualisai malgré moi. J'eus aussi la sensation que Jésus déposait une cape de velours rouge sur mes épaules. J'eus l'impression d'être comme une princesse que l'on paraît pour la venue du Grand Roi.

Je vis comme un soleil d'une luminosité concentrée, de la grosseur d'une hostie, me pénétrer au niveau du plexus solaire. Je sentis à ce moment une recrudescence d'énergie dans mon corps physique et dans tous mes corps subtils. Je visualisai ensuite une colombe immaculée, illustrant pour moi l'Esprit saint qui pénétrait dans mon cœur; dans son bec, l'oiseau tenait une pierre d'un bleu-vert aquamarine chatoyant. J'en ressentis un effet de force, de stabilité et d'équilibre jamais ressenti auparavant.

Je sentis également la présence de la Vierge Marie. Elle prit l'étoile de David qu'elle avait sur le front et la déposa sur le mien. À son contact, je sentis une grande onction intérieure pénétrer au plus profond de mon âme. J'étais surprise moi-même des images si claires qui se présentaient à mon esprit. Chacune d'elles me laissait une sensation et une impression bien définies de force et de transformation intérieure.

Je sentis un énorme collier de roses blanches et de roses pâles déposé sur ma poitrine. Chaque fois que je respirais, leur parfum m'apportait plus de griserie ou de dilection intérieure.

Par-dessus tout, ce que j'eus la joie de contempler, c'est cette farandole de petites filles angéliques de quatre ou cinq ans au maximum. Elles m'encerclaient en souriant divinement, en dansant, en riant autour de moi. Le son de leur rire était semblable au bruissement des feuilles de tremble l'été. Elles portaient des robes légères comme des crinolines avec des boucles de ruban de soie de couleurs pastel, fixées à l'arrière de leur taille. De jolis papillons virevoltaient autour d'elles dansant légèrement et joyeusement avec elles. La figure de ces fillettes était pleine de joie et de pureté. Par la suite, j'appris que ces figures représentaient les Anges-Chérubins. Elles me laissèrent avec une impression d'intériorisation, d'équilibre et de contentement intérieur.

Maev

Une femme étonnante, passionnée et passionnante. Elle compose de la musique inspirée des Anges pour notre bien-être. Elle crée, pour le plaisir des autres, une musique originale, aérienne, qui transmet ses visions et ses vibrations intérieures. L'électro-acoustique lui révèle des vertus énergétiques dont elle décide de se servir avec enthousiasme au-delà de la simple composition mélodique. Aujourd'hui, sa musique aide à supprimer certains problèmes de ce siècle.

Maev: Ce que je vois, ce que je sais, ce que je sens, ne peut s'expliquer avec des mots. C'est donc tel que je vois et conçois avec mon langage que je peux tenter de faire comprendre ce genre de musique.

Toute petite, j'apprenais le piano, j'étais émerveillée de ressentir dans mon corps la résonance des notes que je jouais. Plus tard, ma vision m'a permis de voir des couleurs avec les notes et de me rendre ainsi compte de l'importance du son sur chaque chose, vivante ou inerte. J'ai compris qu'en utilisant judicieusement la musique, il était possible d'arriver à transformer ou à aider certains échanges entre le son et la matière.

Ce qui se passe sur le plan de la matière est en fait un phénomène physique normal. La puissance du son par sa fréquence vibratoire et son déplacement dans l'espace ainsi que la fréquence vibratoire d'une cellule provoquent des décharges électromagnétiques. Ce sont les répétitions de ces phénomènes qui stimulent, dynamisent et permettent l'élimination de certaines surcharges encombrantes. Cela est visible avec une vision extrasensorielle, et sensible à un toucher extrasensible.

Elizabeth: Maev, j'aimerais vous demander si les Anges ont un message qu'ils voudraient que je remette à l'humanité? Pourquoi veulent-ils un livre, quel message veulent-ils communiquer aux gens?

Maev: En fait, un livre, c'est un moyen d'expression, c'est aussi une fréquence vibratoire. Nous avons en chacun de nous des dons et certains sont plus amplifiés soit par le geste, soit par ce qui correspond à tous les sens. En ce qui vous concerne, c'est tout simplement par l'écriture; c'est normal parce que c'est ce qu'il y a de plus fort. Pour quelqu'un d'autre, comme quelqu'un qui s'exprime à des foules, ce pourrait être la voix.

Un message, qu'il soit écrit, qu'il soit parlé, qu'il soit visualisé, ce n'est toujours qu'un message et c'est une nécessité. Ce n'est pas par hasard qu'on descend sur Terre avec nos qualités. On descend avec un message et on sait avant de descendre de quelle manière on va véhiculer ce message de la meilleure façon. Si les Anges, que moi j'appelle aussi nos guides, nous demandent que cela se passe de telle façon, c'est que c'est bien la meilleure façon, le meilleur véhicule pour atteindre des masses entières. C'est l'ensemble des messages que nous allons véhiculer au travers de la planète qui va transformer le cœur des êtres.

Elizabeth: Quel message veulent-ils donner à travers votre musique?

Maev: Un message d'Amour pour ceux qui sont dans la souffrance et qui ne savent pas que leur souffrance vient d'eux-mêmes. Parce qu'ils ont accepté la souffrance, ils ont engendré en eux la souffrance. Le jour où ils accepteront l'Amour, ils engendreront l'Amour en eux et autour d'eux.

Elizabeth: Et il n'y aura plus de souffrance?

Maev: C'est exact.

Elizabeth: C'est intéressant, mais je croyais le message plus précis. C'est un message qu'on répète depuis toujours.

Maev: Oui et non; c'est un message que l'on répète depuis toujours, mais qui a toujours été très mal interprété. On arrive à la fin d'un yoga, à la fin d'une civilisation qui va passer à l'âge d'or. Si d'autres nous ont précédés en donnant des messages, c'est peut-être à nous maintenant, qui avons les moyens de communication de l'ère du Verseau, de vraiment transmettre tout cela comme ils auraient dû le faire. Il y a 2000 ans, ils allaient sur les routes et transmettaient péniblement un message qui a été plus ou moins déformé au cours des temps.

Maintenant, nous devons rectifier ce message. Ce qui est sublime, c'est que toutes les religions doivent prendre conscience de leurs erreurs, car il n'y en a pas une qui ait vraiment le message dans sa globalité, qui est: simplicité, amour, humilité pour aller tout simplement vers le Divin sans se poser de questions, en restant pur. On ne peut pas offrir au Divin des fruits gâtés, des fruits pourris. C'est pour cela que je répète sans cesse : « Faites attention à ce que vous mangez, faites attention à vos pensées, faites attention à ce que vous dites, à ce que vous faites aux autres. On ne fait pas aux autres ce qu'on ne veut pas qu'ils nous fassent. »

Ce message est une obligation. En fait, ce message sera rempli de fréquences vibratoires et d'ouverture de champs de conscience. Quand je dis « Amour », le message n'a pas la même connotation qu'il y a 2000 ans ; la compréhension de l'Amour se vivait selon l'éveil de conscience de l'époque. Maintenant, l'Amour est sur une fréquence vibratoire différente qui véhicule une autre vérité. Je ne veux pas dire qu'il y a 2000 ans, ce n'était pas la vérité, mais que cette vérité doit maintenant passer à un champ de conscience différent. Il y a 2000 ans, quand on parlait d'Amour, on parlait du don de soi, à la vie et à la mort. Maintenant, quand on parle d'Amour, on parle du partage de connaissances, de libération.

Elizabeth : Est-ce que c'est ce que vous voulez dire par la différence ?

Maev : Oui, mais c'est beaucoup plus que cela. C'est l'installation vibratoire d'un plan divin, et chaque être qui descend sur Terre est un véhicule, un transmetteur et un catalyseur de ce plan divin. Pourquoi suis-je à tel endroit au Canada aujourd'hui ? Parce qu'il fallait que je sois au Canada, parce que j'avais quelque chose à transmettre et des personnes à réveiller.

Chacun se trouve à un endroit bien précis, avec un travail bien précis à accomplir. Nous sommes des serviteurs à partir du moment où nous acceptons d'être des serviteurs. Nous faisons notre travail en fonction des informations qui circulent et elles sont très puissantes.

Elizabeth: J'aimerais que tu m'aides à comprendre. J'ai toujours pensé que lorsque les Entités célestes ou divines voulaient qu'on fasse un travail avec elles, cela devait se faire selon notre disponibilité. Lorsque j'entends dire que les gens ont été bousculés, qu'ils se font réveiller la nuit, qu'ils ont été dérangés de quelque façon, je me demande si c'est divin, je me pose sérieusement la question.

Maev: C'est tout à fait divin. C'est nous qui ne le sommes pas quand nous n'acceptons pas de faire la chose au moment précis. Lorsqu'on est céleste, notre libre arbitre disparaît. On descend pour faire un travail bien précis et si on est en retard sur l'horaire, c'est l'ensemble des vibrations qui aident à s'éveiller qui s'arrêtent. Si nous avons une âme qui est plus grande que celles des autres, notre devoir est de nous plier au service du prochain et de devenir tout petit et tout humble en faisant ce que nous avons à faire.

Elizabeth: Alors nous nous rangeons au niveau des Anges?

Maev: Tout à fait.

Elizabeth: Parce que les Anges, eux, n'ont pas d'ego.

Maev: Voilà! Ils font leur service et ils le font avec Amour, sans se poser de questions, sans dire: «J'ai envie de faire cela aujourd'hui!» Non! Ils font ce qu'ils ont à faire sans raisonner.

Elizabeth: Je parlais tout simplement de santé, de reconnaître physiquement ses limites.

Maev : Quand on descend, on s'ancre plus ou moins dans la matière. Après, il faut s'en dégager et ce n'est pas toujours facile. J'ai eu un parcours très spécial. Je ne croyais pas que j'étais impressionnable. J'ai passé dix années très dures, mais je me rends compte que c'était nécessaire parce que cela a exigé de moi l'effort de sortir de certaines énergies desquelles je ne serais pas sortie autrement.

Quand le mur de Berlin s'est effondré, au moment précis où la nouvelle a circulé, j'étais en haut des escaliers et j'ai senti des énergies auxquelles je n'ai pu échapper. Il y avait des énergies négatives qui poussaient d'un côté de mon corps et il y avait des énergies positives qui arrivaient de l'autre. J'ai déboulé un étage et je me suis fracturé le bassin. Je suis demeurée six mois dans cette situation parce que les énergies négatives qui venaient s'opposer à cet événement de libération étaient très fortes, et cela s'est passé en moi. Je n'ai pas à m'en plaindre parce que je n'ai pas mal fait ; ce n'était pas ma faute ni la leur, c'était un concours de circonstances qui a fait que deux énergies se sont trouvées à un endroit à un moment donné.

Elizabeth : Et tu étais là.

Maev : Parce que je devais être là. L'énergie que j'ai dégagée dans la douleur a servi à des milliers de gens. Il faut savoir que lorsqu'on quittera cette Terre, on se joindra à Lui, on oubliera la douleur, ce ne sera pas un problème. Par contre, comme on a voulu avancer à travers l'histoire, il est vrai que les souffrances ont engendré des égrégores négatifs qui font que tout est basé sur la souffrance autour de la planète.

Qu'est-ce que tu fais quand un égrégore te tombe dessus? Tu dis: «Non, ce n'est pas vrai.» Puis cela se brûle à la Vérité et à l'Amour et ça fait mal, très mal. J'ai des maux de tête terribles parce que les ondes me viennent de partout, parce qu'il y a des gens qui ne sont pas positifs. S'ils ont les chakras fermés, je le sens dans mon corps. Il y a des gens qui fument. Il y a plein de choses négatives, mais nous sommes en train de les transformer. Notre corps a obligatoirement des accumulations d'énergies.

Il y a des moments où je me mets à ronfler parce que j'ai trop d'énergies que je n'ai pu distribuer, ou parce qu'il ne fallait pas les distribuer puisqu'elles allaient servir à autre chose. En fait, je ne me pose plus de questions, je me mets tout simplement à la disposition du monde. Si je me brise définitivement, les Anges vous enverront quelqu'un d'autre.

Les Anges ont parfois empêché un accident de se produire en tirant sur une voiture. Par exemple, mon fils conduisait son vieux camion et roulait à 150 kilomètres-heure. J'étais à côté de lui. J'ai fait: «Ha!... Ha!...». Je voyais le camion reculer... reculer... Nous nous sommes arrêtés à ça du précipice. C'est fantastique!

Elizabeth: J'ai vécu quelque chose de semblable. Le temps s'est arrêté quand l'auto a dérapé, le temps que je tourbillonne et que je me ramasse de l'autre côté de la rue. C'était incroyable!

Maev: J'ai vécu cela plus d'une fois.

Elizabeth: Ce genre d'expérience m'a suffi une fois. Est-ce qu'il y a une raison pour laquelle on m'a choisie, moi?

Maev: Oui. C'est toi, entre autres, qui t'es choisie toi-même. Dans l'autre dimension d'où nous venons, nous agissons par concertation. Nous venons d'une sphère céleste, d'un certain niveau, et nous savons qu'il y a un travail à effectuer. Il a été demandé qui voulait faire ce travail et c'est toi qui t'es proposée pour venir le faire. Tu n'en as plus le souvenir, mais tu t'en rappelleras une fois que tu auras accompli ta mission. Pour réaliser ce que j'ai à réaliser, j'ai eu des visions où je me suis vue en train de dire : « Oui, j'accepte cela, je le fais. »

Elizabeth: J'ai trouvé fascinant de devenir auteure du jour au lendemain.

Maev: C'est parce que tu as ces capacités en toi.

Elizabeth: Oui, mais il y a seulement eux dans cette dimension-là qui le savent. Il y a de vrais miracles qui se passent avec moi que je ne comprends pas. Les Êtres célestes, c'est sûr qu'on ne les a jamais vus. Mais nous avons tous de la gratitude pour tout ce qu'ils font pour nous. Tu sais, je travaille toujours avec les Archanges Gabriel, Raphaël, Michaël, Uriel et Sandalphon. Quand j'initie les gens, ils sont toujours invités. Il arrive que je voie des rayons sur les gens, c'est très spécial.

Maev: Je parle souvent avec Michaël. Il est le chef des Armées célestes.

Elizabeth: Au Québec, plusieurs personnes canalisent l'Archange Michaël. Je ne sais pas si c'est vrai, mais je garde mon esprit ouvert, car je sais que ce phénomène est possible.

Maev: Oui, il faut faire très attention. Les médiums peuvent déformer leurs messages sur le plan vibratoire.

Le message est émis, mais il est parfois transformé parce que les médiums ne sont pas totalement purs. Ce n'est pas conscient, mais vous pouvez demander à un canal qui est très éveillé.

Elizabeth: Certains médiums canalisent des Anges, mais il n'est pas facile de rencontrer ces Êtres de Lumière, et lorsqu'ils se manifestent lors de conférences, nous ne pouvons que rester très humbles. Maev, tu sembles être consciente durant tes contacts avec les Anges. Pour moi, cela reste un mystère pour l'instant. J'observe avec beaucoup de questionnement. Puis, je me dis: «Est-ce que je suis dans l'illusion?»

Maev: L'illusion, c'est la matière. Nous ne sommes pas dans l'illusion quand nous sommes dans le spirituel. Ma façon à moi de communiquer la spiritualité, c'est à travers la musique céleste que je reçois des Anges.

Elizabeth: Tu as composé douze disques compacts qui représentent les douze niveaux de conscience différents. J'aimerais que tu me parles un peu de chacun d'eux.

Maev: Le premier disque s'appelle *Dream Love*. Le rêve d'amour dépasse ses chaînes émotionnelles et affectives. Le calme après la tempête. Le bien-être pour essayer de se réaliser. Rêve et harmonie. C'est une musique qui a une fréquence spéciale, donc une écriture musicale spéciale pour travailler sur l'ensemble du corps sur les plans cellulaire et énergétique. L'émotivité peut être travaillée à partir de cette musique.

Il faut savoir que chaque musique s'adapte au corps énergétique de la personne, de son aura en fonction de ce qu'elle pense. La musique réadapte et aide à éliminer tout ce qui est négatif sur le plan cellulaire, tout ce qui encombre. Même des vaccins peuvent s'éliminer de cette façon-là sur des fréquences vibratoires.

Parce qu'en fait, la cellule, qu'est-ce que c'est? La cellule a autour d'elle des encombrements qui sont des fréquences vibratoires, alimentation, médicaments et tout un tas de choses malsaines qui viennent s'y brancher. Ces fréquences vibratoires nettoient, un peu comme une gomme efface quelque chose d'écrit quand on veut le faire disparaître.

Elizabeth: Est-ce que cela peut nettoyer physiquement un corps?

Maev: Oui, tout à fait. Un son est une fréquence vibratoire et les cellules du corps ont leur propre fréquence vibratoire. Lorsque le son vient heurter une cellule, il produit des décharges électromagnétiques. C'est une loi normale de la physique qui fait que lorsque deux vibrations entrent en contact, il y a un échange qui se fait, et cet échange est une libération. Ce phénomène est connu lorsqu'on travaille avec l'énergie. Selon la puissance de notre énergie, on arrive à éliminer des fréquences vibratoires parce que tout n'est que fréquence vibratoire. Une peur, un son ou une maladie émettent une fréquence vibratoire; donc ce n'est que par des fréquences vibratoires qu'on arrive à nettoyer un corps.

Pendant une demi-heure, la musique brasse et rebrasse. À force de répéter les séances pendant quinze jours, trois semaines, un mois, deux mois, trois mois, un an, peu importe, on arrive à faire la lessive des cellules, ce qui fait que la personne est moins encombrée et beaucoup plus libre au niveau de son esprit. Par conséquent, elle peut mieux choisir. En fait, le but, c'est ça, c'est que chacun ait son libre arbitre pour pouvoir faire ce qu'il a à faire honnêtement, avec Amour, qu'il soit honnête avec les forces cosmiques, avec lui-même et avec les autres, c'est-à-dire plein d'humilité, de bonté et de simplicité.

Selon la musique, chaque fréquence vibratoire est différente en fonction du corps et des chakras. C'est voulu parce que chaque partie travaille soit avec des énergies telluriques, soit avec des énergies cosmiques ou des énergies spirituelles; on arrive donc à un travail différent. L'humanité a déjà bien travaillé et elle est en train de s'épurer, de s'éclaircir, c'est pour cela qu'il y a le sida. Il y a beaucoup de choses en ce qui concerne les énergies du bas qui sont en train de s'éliminer. En fait, c'est un peu une prise de conscience pour l'ensemble de l'humanité: ses débordements sexuels ont donné naissance à une maladie qu'on appelle le sida et qui n'est que la syphilis tercienne. On met tout dans le même panier, mais il y a deux formes de sida.

Elizabeth: Avec les vibrations et le nettoyage que provoque le premier album, est-ce qu'une personne pourrait arriver à perdre du poids?

Maev: Dans un sens, oui. En fait, les personnes qui prennent du poids sont des personnes qui accumulent des énergies. Si on fait l'audition de ce disque régulière-ment, en étant libre de stress, calme et bien dans sa peau, on perd plus facilement du poids. Lorsque je travaille dans l'énergie, ça bouge, je suis debout, je pié-tine, je transmets des énergies. Mes énergies du bas ne travaillent pas de la même façon, j'ai les jambes qui enflent. Je vais me coucher le soir et si je me pèse le lendemain, j'ai quelques kilos en moins. C'est normal. Il y a des personnes plus douées que d'autres pour retenir les énergies.

Il y a différentes formes d'embonpoint, la cellulite, la rétention d'eau, etc. Cela est dû aux émotions. À partir du moment où on fait régulièrement ces séances, l'émotionnel diminue et on perd du poids.

Elizabeth : Vous suggérez des séances d'une demi-heure pour l'écoute de chaque album ?

Maev : Oui, mais on peut très bien en faire plus. J'ai vu par exemple l'effet de ces disques sur des enfants qui avaient de la fièvre et à qui on avait fait écouter cette musique toute la journée. Le soir, la fièvre était tombée parce que l'enfant s'était calmé et le corps avait fini de lutter. Les gens ont peur de la fièvre, et c'est normal car la fièvre est une lutte. À partir du moment où le corps a récupéré et que la lutte est terminée, la fièvre tombe.

Elizabeth : Parlez-nous du deuxième album, *Souffle de vie.*

Maev : Souffle de vie travaille au niveau de la gorge. La parole cherche à s'exprimer. Elle est hésitante, puis elle devient vibrante, juste. C'est la source sonore pouvant exprimer l'Amour. Le disque aide à libérer des peurs, des angoisses, de la timidité ou de la colère. Il dessert bien le chakra de la gorge et permet au verbe de s'exprimer. Il faut savoir que la parole est une fréquence vibratoire ; c'est aussi un son et si le son ne passe pas bien, cela peut bloquer quelqu'un. C'est comme lorsque le plexus solaire est bloqué, c'est toute une réussite professionnelle qui va être vouée à l'échec.

En fait, les chakras concernant les régions du plexus solaire, du cœur et de la gorge, ce sont ceux que nous utilisons dans la vie courante pour réussir affectivement, socialement, sur le plan de la communication. Donc ces trois chakras sont les portes qui sont à ouvrir constamment et il faut veiller à ce qu'elles ne soient jamais fermées. Si elles se ferment, les énergies qui nous viennent d'ailleurs ne peuvent pas nous pénétrer. Les échanges avec les autres ne peuvent pas se faire.

J'ai beaucoup travaillé sur ces trois chakras parce que ce sont ceux qui ouvrent le plus et c'est de ces énergies dont l'humanité a le plus besoin. Les personnes qui œuvrent dans le domaine de la communication doivent développer le chakra de la gorge pour laisser passer le Divin et laisser s'accomplir le Divin au travers d'eux. Ce chakra de la communication est souvent bloqué parce que les gens parlent trop; lorsqu'on parle trop, le chakra s'excite et doit être dévissé. Une bonne façon de le faire par exemple est d'aller se libérer en criant ou en chantant car cela permet de le régulariser un petit peu.

Elizabeth: Cela signifie-t-il qu'une personne qui a des pratiques spirituelles telles que le yoga et le chant des mantras libère le chakra de sa gorge en même temps?

Maev: Exactement. Je possède le yoga et plusieurs formes de travail sur soi, comme la respiration, la détente du corps, la gymnastique douce qui aident l'esprit et les glandes à se libérer. Ce deuxième album est très important parce qu'il faut savoir que la gorge est un carrefour entre les énergies telluriques et les énergies cosmiques. Si l'énergie est bloquée à cet endroit, nous expérimentons des maux de tête et nous nous déplaçons des vertèbres.

Beaucoup de gens disent qu'ils ont mal à la tête. C'est normal avec trois vertèbres déplacées! Les gens ne se rendent pas compte qu'ils sont un tout. Tout est lié, on a un corps, on a des énergies. Et puis, avec des pensées négatives, nous détruisons notre organisme parce que nous voulons le faire obéir à nos lois et non pas aux lois cosmiques.

Elizabeth: Qu'en est-il du troisième disque?

Maev: Le troisième album est en fréquences vibratoires différentes. Il a un travail différent à accomplir. C'est *Lhassa*. C'est l'Asie, l'élévation vibratoire sur fréquences et sonorités asiatiques. C'est la pensée positive qui se cherche et se trouve. *Lhassa* a été une musique de film pour l'école la plus haute du monde au Tibet. Le film a été tourné à Lhassa. Cette musique est faite pour travailler au niveau du mental. La plupart des gens sur Terre sont branchés sur leur intellect, et l'intellect est un mauvais conseiller. Il faut le calmer de temps en temps. Il faut lui dire: «Bon, ça va, tu as un acquis.» Mais le mental est quand même quelque chose de plus puissant.

Pour bien développer ses capacités de créativité, il est important, comme en yoga, de faire travailler les deux hémisphères du cerveau. Il faut permettre au yin et au yang d'être au bon niveau des deux côtés et d'avoir de ce fait une capacité d'être androgyne (féminin et masculin) pour être bien dans sa peau. C'est quand on est totalement féminin et masculin qu'on peut créer sans excès, qu'on peut exprimer la beauté.

Ce troisième disque sert surtout aux personnes dont le mental est trop agité, celles qui ont des problèmes avec la glande thyroïde par exemple, ou celles qui ont des problèmes concernant la tête, les oreilles, les yeux, le nez, etc.

J'ai rencontré des gens lors d'un salon du Nouvel Âge qui me disaient combien cette musique venait les chercher au plus profond d'eux-mêmes. La musique de *Lhassa* est de souche tibétaine. La musique tibétaine a la réputation d'être ressentie même après qu'on l'ait écoutée. Elle continue d'émettre des vibrations à l'intérieur de nous. Certaines personnes me racontaient qu'elles ressentaient encore la musique autour d'elles.

Le quatrième album est intitulé *Helios.* La forêt au lever du Soleil. Tout s'anime et prend vie. Chaque chose s'exprime, le Soleil réchauffe, l'air se brasse, l'esprit voyage, s'évade et passe par différentes phases pour se laisser enfin aller. Une partie de ce disque réharmonise. D'ailleurs, l'album est beaucoup utilisé lors des accouchements. Certains hôpitaux de Genève s'en sont servi justement à cette fin. On a même pratiqué des accouchements dans l'eau avec cette musique. On l'a fait écouter aux bébés et ils se sont endormis.

Les enfants l'aiment tellement que j'ai décidé de créer un album pour eux sur cette musique. Il sera conçu avec l'aide de sept instruments. La musique sera faite d'un seul jet, mais instrument par instrument. L'autre partie sera comme une respiration. On sentira que ses vibrations dégagent, touchent les trois corps; les gens pourront enfin respirer. Mon ingénieur du son a déjà échantillonné des sons extraordinaires. Il les fera écouter à un enfant et si l'enfant vibre à ces sons, il les conservera. C'est extraordinaire de pouvoir faire de la musique avec toutes sortes de choses. Il a choisi pour moi des Stradivarius, des Steinway, des sons d'instruments qui sont rares.

Elizabeth : Lors de la conférence, nous avons entendu la pièce *Osiris* qui veut dire «être branché sur le divin, qui est en bas et qui est en haut». J'ai ressenti un état très spécial en écoutant cet album. J'étais dans les profondeurs de l'océan et en même temps dans le cosmos. Tout ce qui me venait à l'esprit était: «Terre, Terre», comme si j'étais dans l'eau. Cette expérience a été possible grâce au travail que fait cette musique sur le corps divin (corps bouddhique) qui est Dieu et tous les Esprits célestes, les Anges et les Archanges.

Maev : J'ai un ami qui fait du Taï Chi. Lorsqu'il donne des démonstrations publiques, il utilise *Osiris*. Il dit: «Quand je fais les mouvements de Taï Chi, je me laisse inspirer par cette musique, tellement que je ne me souviens même pas des mouvements que j'ai fait.»

Le cinquième album, *Voiles D'Isis*, travaille sur les polarités. Une promenade au plus profond de l'être, de tout ce que l'on refuse de voir. Sept voiles se lèvent. L'idéal de nous-même prend forme. Les chaînes tombent, l'amour naît. Lorsqu'une personne expérimente un choc émotionnel ou tout autre choc, par exemple, quand elle tombe, qu'elle se fait mal ou qu'elle a eu un accident, toutes les énergies de son corps sont ébranlées. Beaucoup de thérapeutes utilisent cette pièce pour réharmoniser les corps subtils ainsi que le corps physique. *Voiles D'Isis* travaille sur le huitième chakra.

Le sixième album, *Transréalité*, travaille sur le corps éthérique. La vision de la réalité que nous n'osons aborder, celle que nous ne pouvons voir ni entendre. La recherche de la vérité qui est en nous. Il est important de comprendre que lorsque nous nous promenons dans la rue ou dans les grands magasins, nous côtoyons des gens qui nous laissent, sans s'en rendre compte, une partie de leur négativité que nous devons nettoyer. Cette musique nous permet le nettoyage.

Odyssée est très spécial. C'est le voyage initiatique de l'âme. Tout comme Ulysse, nous affrontons le voyage dans l'infini de l'amour sous ses différents aspects et épreuves. C'est le retour aux sources avant le repos. Bien des gens ont pleuré en l'écoutant, car cette musique émet une vibration tellement forte, comme la sensation d'un engin qui décolle. Cela a pour effet d'élever le taux émotionnel à son paroxysme, et tout d'un coup, nous nous sentons projetés dans le cosmos et nous planons. Les gens pleurent parce qu'ils éliminent tout ce qu'il y a de logé dans leur corps astral qui les gêne, qui les empê-che d'avancer.

Omniprésence travaille sur le mental. Les fréquences vibratoires de ce disque sont tellement élevées qu'elles peuvent nettoyer toute une pièce. Elles chassent toutes les entités et toutes les négativités. Lorsqu'on conduit l'auto, *Omniprésence* nous protège et nous donne de l'énergie pour parcourir de longues distances. Cette musique aide énormément lorsque nous sommes dans un endroit où il y a beaucoup de personnes et que nous nous sentons fatigués. Elle nous rephase et nous permet de nous recentrer.

Cette mélodie a un mécanisme très spécial. Lorsque nous faisons régulièrement des séances de trois à quatre semaines, quinze jours même, un relais s'installe, c'est-à-dire que notre subconscient prend le relais car il a tout enregistré et nous pouvons conduire la voiture sans danger de somnolence. Nous nous sentons super bien, très détendu, et il n'y a pas de danger qu'il nous arrive quoi que ce soit.

Cette musique demande une période d'intégration de vingt et un jours car toute période d'intégration des énergies est d'une durée de vingt et un jours. C'est très important, car nous devons épurer nos vieilles mémoires avant que le mécanisme s'enclenche. À partir de ce moment, on peut faire tout ce que l'on a envie de faire au son de cette musique.

Océania œuvre sur le corps causal. C'est l'invitation du joueur de flûte à se rendre dans les profondeurs de l'océan de notre conscience. C'est la levée des voiles sur l'infini au-dedans de nous-même. L'approche de l'Amour inconditionnel. C'est un des corps dont l'humanité n'a pas encore conscience, c'est la cause à effet, c'est le karma, c'est savoir sans se poser de questions. Lorsque le corps causal sera connu et activé, tout le monde saura ce qu'il a à faire. On y découvre des sons marins très jolis, qui démarrent dans l'eau et se terminent dans le cosmos. Son but est de nous brancher sur le corps qui s'installe autour de nous en ce moment.

Le dixième album, *Oriane*, est la mise en harmonie avec nous-même, avec notre âme. C'est la pureté, un voyage dans l'espace et le temps. Les profondeurs de l'Âme et de l'Être s'expriment, se réalisent. C'est la libération de soi et l'expression de plénitude. Nous sommes très souvent en décalage par rapport à notre âme parce qu'elle désire une chose et que nous en voulons une autre. Cela provoque des dissonances et des malaises en nous. Nous devons apprendre à fusionner notre volonté avec celle de Dieu.

Ce refus de fusion avec la volonté divine a pour résultat que les gens font des dépressions nerveuses, car la personne quitte son corps sur le plan énergétique et il est difficile de la faire le réintégrer de nouveau. *Oriane* nous aide à ce niveau. Grâce à l'aide des Êtres célestes qui sont branchés sur cette fréquence, on parvient à se réharmoniser avec le Divin, avec le Tout, avec quelque chose de merveilleux qui brûle à l'intérieur de nous: c'est l'Amour divin. Beaucoup de gens disent: «J'étais vraiment au paradis.»

Il est très important pour nous de retourner aux sources, d'être vivants, car l'être humain, qui expérimente chaque jour des choses difficiles, a tendance à oublier que le Divin existe. Nous avons besoin d'être réconfortés, d'être pris dans les bras du Divin pour savoir que l'Amour, le véritable Amour existe.

Le dernier album se nomme *Narayana*. C'est l'enveloppement de l'Amour, suprême émanation du Divin, c'est Govinda, c'est l'âme suprême, c'est Krishna, c'est le Père dans toute sa splendeur. Nous avons besoin d'être à l'intérieur de Lui parce que nous sommes à l'intérieur de Lui. Car Il est là, Il est partout, nous sommes une partie de Lui et nous avons besoin de Lui. Nous devons découvrir cela. C'est le merveilleux rebranchement à la source.

En conclusion, j'aimerais préciser qu'il y a un mode à suivre pour travailler avec cette musique, selon notre niveau d'éveil. Nous devons commencer par le premier album, puis enchaîner avec le deuxième et ainsi de suite. Il y a des gens qui mettront plus de temps à travailler avec une pièce que d'autres. Par exemple, une personne qui a un taux vibratoire très bas devra travailler avec les quatre premiers albums, tandis que ceux dont les vibrations sont très élevées les écouteront une courte durée, quelques mois par exemple, puis commenceront la deuxième série. Les quatre derniers albums sont pour des êtres de haut niveau d'éveil spirituel. Les disques utilisés le plus par les thérapeutes sont les quatre premiers, car ils travaillent sur les quatre premiers corps. C'est aussi une musique que nous pouvons tout simplement écouter parce que nous l'aimons.

Marie-Diane Tremblay

Marie-Diane travaille avec les énergies des Archanges au niveau de la guérison spirituelle et guide des méditations en leur compagnie. Un soir où nous étions assis autour de la table, un groupe d'amis et moi, Marie-Diane nous raconta un rêve prémonitoire qu'elle avait fait.

En rêve, je me suis vue à l'hôpital en compagnie de mon amie Adrianne pendant qu'un Ange nous regardait. Puis, d'autres Anges sont apparus près de son lit. À ce moment, je me suis réveillée; c'était le milieu de la nuit. J'ai vu des ailes blanches, mais je ne voyais pas le visage des Anges; je savais toutefois qu'ils étaient là et je suis retournée à mon sommeil. Le jour suivant, je me suis levée en pensant à ce rêve, et effectivement, j'ai découvert que mon amie était à l'hôpital. L'Ange était venu me dire de ne pas m'en faire au sujet de mon amie, qu'il s'occupait d'elle, mais qu'elle devait subir deux pontages au cœur. Adrianne passa un mois à l'hôpital après quoi, toute inquiétude au sujet de sa santé sembla disparue. Je n'avais aucune crainte, car elle se portait mieux et était très enjouée.

Dans un autre rêve, j'étais en colère et j'ai dit aux Anges: «Diable, où êtes-vous quand j'ai besoin de vous?» Le matin suivant, je me suis levée en chantant: «Je serai toujours là.»

Je ne suis pas certaine, mais j'ai l'impression de recevoir des messages à travers leur Lumière. Ces messages m'apportent toutes les réponses dont j'ai besoin dans mes rêves. Partout où je vais, je rencontre des gens qui me posent des questions et je leur fournis des réponses sans savoir comment et d'où elles viennent. Nous ne pouvons toucher ou sentir ces Esprits célestes, mais nous savons qu'ils sont là. Ils ne s'adressent pas à nous verbalement, mais ils se servent des rêves pour répondre à nos questions. Ils sont toujours là si nous les appelons quand nous en avons besoin.

C'est inexplicable, mais il semble que les Anges viennent encore plus nous voir lorsque nous sommes gravement malades. Je sens qu'ils sont aussi de nature humaine. Ce que je veux dire par là, c'est que nous gagnons nos ailes dans le monde invisible et que lorsque viendra le temps de mourir, nos ailes seront déjà formées. Si nous en sommes conscients, nous travaillerons fort pour qu'elles deviennent de plus en plus grandes, car ne sommes-nous pas le futur? Plus nous évoluons spirituellement et utilisons notre énergie mentale, plus nous pouvons développer de très grandes ailes. Lorsque vous vous sentirez seul, vous aurez la sensation que vos ailes s'enrouleront autour de vous et vous apporteront la tranquillité de l'esprit.

Vous vous demandez peut-être si les Anges collaborent toujours avec vous. Je vous répondrai qu'ils le font seulement si vous le leur demandez. N'oubliez pas qu'il existe plusieurs sortes d'Anges. Nous n'avons pas seulement un Ange gardien, nous en avons aussi un qui nous enseigne, un qui nous protège, bref, nous en avons un pour tout. Parfois même, l'Ange gardien de quelqu'un d'autre vient nous rendre visite pour nous donner un message.

Par exemple, l'année dernière, j'ai marché sur de la glace vive et je suis tombée. Ma fille m'accompagnait et elle a été témoin de la scène. Mes deux pieds sont partis dans les airs, et je me suis vue redescendre au ralenti. Je n'ai même pas touché le sol, c'était comme si on m'avait soutenue afin que je ne touche pas le sol. Ma fille affirme que je suis remontée rapidement sur mes deux pieds. Il faut dire que dans ces moments-là nous perdons la notion du temps. Pour moi, la sensation s'avérait très claire: je remontais sur mes pieds très lentement. C'est vraiment incroyable de voir les Anges, de savoir qu'ils sont là. Vivre ce genre d'expérience nous permet de libérer beaucoup de frustrations. Cela nous enlève la peur et augmente notre confiance, mais il est difficile de transmettre ces émotions dans des mots parce que cela s'exprime intérieurement.

Nous sommes ici pour une raison et lorsque nous serons prêts à connaître la vérité, elle nous sera révélée, soit intuitivement ou à travers nos rêves.

De fait, j'ai remarqué que je ne me rendais jamais dans un endroit pour rien. J'y rencontre toujours des gens, parfois des étrangers que je ne connais pas qui viennent s'asseoir auprès de moi et qui me parlent. Ils se sentent bien, et après notre entretien, je suis heureuse de constater que j'ai pu répondre à certains de leurs besoins.

Lorsque ma fille Chantale a dû se faire opérer, elle s'est réveillée dans une maison remplie d'Anges. Elle les voyait partout, car elle est très sensible à leur présence. J'aurais aimé qu'ils viennent s'asseoir pour converser avec nous, mais hélas, ça ne se passe pas de cette façon.

Pour moi, mon frère est une sorte d'Ange. Il est toujours là pour la famille. Lorsque quelqu'un meurt, il s'occupe de tous les arrangements et de tout le monde.

En ce qui concerne mon travail de guérison spirituelle, j'utilise les rayons des quatre Archanges; ce travail se fait consciemment avec eux et évolue comme une pyramide. Chaque Archange détient un rayon de la pyramide et cette pyramide devient un temple dont les quatre Archanges représentent l'écran vibratoire du module. Ce sont eux les gardiens du temple. Si nous collaborons avec eux, nous pouvons créer toutes sortes de vibrations. Leur vibration première est vraiment de nous servir de miroir, c'est pourquoi lorsque je dirige des méditations de groupe, j'invite les quatre Archanges pour nous assister.

Mon premier travail fut avec l'Archange Gabriel; son rayon de couleur dorée est celui de la guérison. Nous avons travaillé ensemble longtemps, puis les autres Archanges se sont ajoutés. Je reconnais plusieurs personnes et je me ressens moi-même dans l'essence de Gabriel. J'ai une copine qui, elle, communique avec l'Archange Michaël. Sa fonction à elle est celle d'une âme de défense avec Amour ainsi que de protection.

Les Archanges Raphaël et Uriel se manifestent également lorsqu'on leur demande de former une pyramide. Par exemple, lors de méditation de groupe, le rayon se forme telle une pyramide au-dessus de nous pour amplifier toutes les vibrations et les énergies. Celle-ci nous sert de miroir, car chaque individu à ce moment-là voit plus clairement sa propre divinité et celle des autres, ce qui nous permet d'expérimenter l'unité, le «Un», dans une parfaite harmonie.

Il est bon de se souvenir que nos guides sont toujours là, mais il est important de devenir son propre guide et d'être à l'écoute de son maître intérieur. Cela nous permet d'évoluer rapidement, car tout va si vite en ce moment sur la Terre. Lorsque nous reconnaissons la cause d'une douleur que notre âme traîne depuis plusieurs réincarnations, il nous est possible de la dissoudre en quelques instants, car nous sommes entrés en contact direct avec cette conscience et que la conscience fonctionne à la vitesse de la lumière. À partir de ce moment, la vie nous donnera des expériences afin que nous comprenions vraiment la leçon, que nous ne refassions jamais les mêmes erreurs; tout cela sous la guidance des Archanges.

Ce qu'il est important de comprendre, c'est que les termes «conscience» et «autoguérison» ne sont que des termes de vulgarisation qui veulent dire transformation divine de l'humain, du Divin à l'humain, de l'humain au Divin. C'est une transformation énergétique. Voilà pourquoi je parle souvent de conscientisation du moment présent en tout temps. Comprendre de ne pas avoir peur d'ouvrir nos champs vibratoires, d'ouvrir nos horizons jusqu'à l'infini, de s'ouvrir au-delà de l'univers.

Si nous nous permettons d'élever notre conscience au-delà de tout ce qui est cosmique, nous nous rendrons compte de l'existence d'une trame énergétique que nous devons encore dépasser afin de nous rendre jusqu'à l'Un, car tout est en expansion continuellement, sans début ni fin. Nous arriverons à nous élever au niveau d'entités telle que Sanat Kumara, qui travaille sur la Terre en ce moment.

Cette entité s'est rendue jusqu'à l'Un et s'est offerte pour venir en aide à la planète. Il est Lumière, il est parfait, il est pur, il est tout, voilà ce qu'est Sanat Kumara, et c'est avec son énergie que travaillent les Archanges. Lorsqu'une chaleur se fait ressentir au niveau des pieds, lorsqu'on travaille sur le plan énergétique, c'est un signe de la présence de Sanat Kumara. Lorsque cette chaleur se fait ressentir on est envahi par un sentiment de reconnaissance. Il est possible de vivre aussi, à la suite de guérisons spirituelles, des montées initiatiques importantes de la kundalini.

Un jour, la fille de l'une de mes amies a fait une rencontre inusitée. «C'était un être vêtu d'un manteau noir avec un capuchon. Je n'avais jamais vu de tels yeux, ils contenaient une puissante vibration. Il marchait vers moi, les yeux fixés dans les miens et émettait une énorme vibration d'Amour. J'ai été surprise de l'émotion qui m'envahissait, puis il a disparu. Je me sentais bien.» La jeune fille m'a demandé ce que cela voulait bien dire. Je lui ai répondu qu'elle était chanceuse, car elle commençait déjà à avoir des contacts avec les Êtres célestes.

J'ai partagé avec ma fille une prophétie dont j'avais entendu parler. Il semblerait que les Anges s'incarneraient dans des corps d'adulte. De la façon dont je peux expliquer ce phénomène, c'est que lorsqu'un être humain subit un accident et qu'il doit mourir, un Ange pourrait lui demander d'utiliser son corps. J'ai entendu parler d'un incident du genre d'un homme qui avait été électrocuté en travaillant sur des fils électriques. Cet

Ange se souvient très bien de sa descente dans le corps et de la rencontre qu'il a faite avec l'âme de celui qui s'était fait électrocuter. En acceptant de laisser l'Ange prendre sa place, ce dernier accumulait des mérites dans le ciel.

Lorsque cet Ange est entré chez lui, une famille l'attendait: une femme et des enfants qu'il n'a pas vraiment reconnus. Ils ont mis cette amnésie sur le dos de l'accident en affirmant qu'il avait dû perdre la mémoire. L'Ange a su le nom du corps qu'il habitait quand les policiers lui ont remis ses papiers lors de l'accident; c'est ainsi qu'il a su quel était son nom et où il demeurait. Son entourage ne comprenait pas qu'il soit vivant ou qu'il ait pu survivre à cet accident.

Il semble que dans les années à venir, nous rencontrerons de plus en plus de gens avec lesquels nous avons vécu dans d'autres vies. Parfois, il nous arrive de rencontrer une âme sœur. Cela m'est arrivé et je l'ai reconnue. J'ai su qui elle était lors d'une régression qui m'a amenée dans le temps des Mayas pendant l'invasion des Espagnols, époque où nous nous aimions profondément. Quelle ne fut pas ma surprise et quelles émotions ce souvenir m'a fait vivre!

J'ai également eu un contact avec les Anges dans le métro. Je venais de mettre la main sur un livre, intitulé *La Vie impersonnelle.* Cet ouvrage m'a chavirée. Je le lisais, je le mettais de côté, et je le relisais. C'était au début d'un grand changement dans ma vie. Puis un Ange m'est apparu, c'est-à-dire que j'ai vu une personne avec des yeux qui me disaient intuitivement: «Je suis un Ange.» L'amour qui émanait de cet Être était angélique. Une vibration angélique très particulière, une vibration d'amour que l'on peut reconnaître comme on reconnaît l'énergie du Christ. Quand le Christ arrive, je Le sens, je Le canalise, je sais que c'est Lui. C'est le même processus quand un Ange ou un Archange se manifeste. Les deux ont une énergie différente. La vibration d'un Ange est comme celle d'un enfant qui te fait un sourire: il a une candeur, une énergie bien particulière.

Lors d'une méditation, je me souviens que je me tenais droite et que je ressentais une lourdeur qui me faisait mal. Je faisais une discipline de travail physique et tout d'un coup, vis-à-vis de mon cœur, entre le cœur et le plexus solaire dans le dos, j'ai vraiment senti que les Anges pesaient. Je les ai sentis physiquement et je les ai vus grâce à mon troisième œil. J'ai compris que j'avais atteint une élévation à la dimension angélique au niveau de mon cœur, c'est-à-dire que j'acceptais qu'une partie de moi pût être pure et bonne, et que c'était vraiment moi.

Lorsque j'étais jeune, je ressentais des présences et je me disais: «Ça doit être mon Ange gardien.» Ça n'a jamais été un problème pour moi de croire aux Anges. Souvent, après un traitement énergétique, durant mon retour à la maison, je sentais les Anges m'accompagner dans l'auto. Les premiers temps, quand on travaille sur le plan énergétique, il y a tant de choses à faire, à apprendre à tous les niveaux; on s'épuise carrément. Je savais lors de longs trajets que c'étaient mes célestes compagnons qui conduisaient. Je conduisais beaucoup sur les autoroutes à l'époque.

Une fois ma conscience s'est rendue dans les Himalayas et j'ai failli avoir un accident. J'ai senti carrément la roue du volant bouger d'elle-même; mes amis angéliques ont remis la voiture sur le droit chemin et j'ai immédiatement réintégré mon corps physique. J'étais convaincue que mon Ange gardien m'avait sauvé la vie. Après cette prise de conscience, je me suis mise à travailler sérieusement avec les Anges, leur demandant, par exemple, de me trouver un stationnement en ville et cela a toujours fonctionné. Cela me faisait bien rire. Je suis d'une impatience en ville... mais je les remercie souvent car ils m'aident beaucoup.

Ma perception des Anges était toujours extérieure, car je croyais que leur énergie était extérieure à la mienne. Quand j'ai commencé à guider des méditations il y a deux ans et demi, l'Archange Gabriel s'est manifesté. Je le reconnaissais comme l'Archange porteur de la guérison, c'est-à-dire comme celui qui avait l'énergie dorée, l'énergie christique. Il en était le gardien. Nous pouvions nous servir de cette énergie comme d'une énergie de guérison. Les gens qui s'en servaient reconnaissaient sa grande puissance.

Nous avons travaillé ensemble pendant quelques années. L'Archange Gabriel restait à côté de moi et lorsque je l'appelais, il entrait à l'intérieur de moi aussitôt. Je sentais ses ailes comme une vibration et un rayon doré sortait de mon cœur. J'ai pu voir dans ces moments-là le niveau vibratoire se transformer dans la salle et l'Archange accomplissait les guérisons à distance.

Lorsqu'on parle de guérison, on parle de la guérison de l'âme. Quand il y a guérison au niveau de l'âme, des changements se produisent dans la vie de tous les jours. J'envoie souvent la protection de l'Archange Gabriel aux gens qui me le demandent et ils en sont très heureux. Plus notre foi est grande et plus notre taux vibratoire est élevé, plus la fusion est possible avec cette énergie angélique. Plus on fait nôtre cette énergie, plus on la devient, et plus on ressent de la reconnaissance. Il y a donc tout un processus d'élimination à faire dans l'acceptation de notre divinité en tant que notre pouvoir intérieur. Cela veut dire: un processus de guérison pour soi ainsi que le nettoyage des fausses impressions de qui nous sommes, qui nous permet de partager ce pouvoir intérieur.

Les Anges nous suivent partout en pensée. C'est agréable et réconfortant de savoir qu'il sont toujours avec nous. Si nous demandons leur présence partout où nous sommes et que tout le monde fait de même, imaginez-vous l'énergie qui entrera dans une pièce. Ce sera extraordinaire! Nous sommes la conscience, cela veut dire que nous nous fusionnons, que nous devenons très puissants.

Nouvellement arrivée à Saint-Sauveur, je me promenais sur un petit chemin serpenté où, à cause de la présence des arbres, je passais de l'ombre au soleil et du soleil à l'ombre. Tout à coup, j'ai été éblouie par une lumière qui me semblait beaucoup plus intense que le soleil et je suis rentrée avec mon auto dans un pan de mur. Je suis sortie de mon corps consciemment et je n'arrivais pas à comprendre ce qui s'était passé. Je sentais tellement la présence physique des Anges que je ne voulais plus revenir. Quelque chose me disait à l'intérieur de moi que je venais de payer une grande dette karmique.

Je suis donc allée à l'hôpital où on a diagnostiqué une entorse du thorax. On m'a dit que cela me ferait très mal, qu'ils ne pouvaient rien faire pour moi et que je devrais endurer ce malaise entre deux ou trois semaines. Je suis retournée à la maison et j'ai téléphoné à mon amie Estelle qui a des dons de guérisseure qu'elle ignore. Lorsqu'elle met ses mains sur nous, le mal s'en va, c'est incroyable. Elle m'a offert de venir m'aider, ce fut pour elle la première expérience de traitement conscient qu'elle faisait sur quelqu'un. Le lendemain, je ne ressentais plus aucun mal nulle part. Je sentais seulement une toute petite douleur. Estelle fut pour moi un vrai Ange gardien ce jour-là.

N'oubliez pas que nous sommes tous à un moment donné des Anges les uns pour les autres. Nous devons accepter ce fait car lorsque nous acceptons cette vibration angélique, nous apprenons à accepter tout le monde et tout ce qui est, inconditionnellement. Cet Amour inconditionnel n'est pas facile à pratiquer. Lorsque nous croyons avoir enfin atteint un certain niveau de cet Amour et que nous rencontrons une personne qui nous fait «refouler les orteils par en dessous», il faut comprendre qu'il nous reste encore beaucoup de travail à faire. C'est seulement en regardant ce qui se passe à l'intérieur de nous et ce qui nous dérange que nous pouvons guérir nos blessures. C'est ça, être un Ange.

J'appelle tous mes amis des Anges et je ne le fais pas d'une façon préméditée. Les Anges sont constamment dans mon vocabulaire. Pour Noël, ma fille m'a offert deux têtes d'Anges, une à côté de l'autre, les ailes dépassant de chacun et s'entrecroisant. Dans sa carte, elle m'a écrit ceci: «Ces Anges sont toi et moi, maman.»

L'année passée, elle m'a demandé: «Est-ce que je peux aller avec toi dans une session de relaxation et de méditation dans un centre de désintoxication pour femmes?» Dans cet endroit, les femmes ont atteint le plus bas niveau de la souffrance de l'âme. Elles viennent de milieux bien difficiles. Cela faisait plusieurs fois que j'allais guider des méditations à cet endroit et les femmes commençaient à m'aimer. Nous avons formé un cercle d'amour et le contact avec leur âme se faisait durant les méditations. Après chaque méditation, il y avait un partage, et ma fille écoutait avec beaucoup d'intérêt. Je voyais qu'elle venait de vivre quelque chose d'important et qu'elle voulait partager seule à seule avec moi ce qu'elle avait ressenti. Elle me dit: «Maman, je ne pensais pas que tes trucs de méditation fonctionnaient. Au moment où tu nous as demandé de visualiser la planète et que tu nous as demandé de revenir, je ne suis pas revenue. J'étais dans le cosmos et je regardais la Terre, puis un Ange, un vrai Ange, est arrivé et m'a dit: "Bonjour, Sophia." Puis, il m'a donné un bec sur la joue. Je ressens encore l'Amour que cette vibration m'a donné. L'Ange m'a dit: "Je suis Lara."»

Quelle ne fut pas ma surprise de découvrir qu'il s'agissait de l'âme de sa petite sœur que j'ai perdue lorsque j'étais enceinte. Le nom que j'avais choisi pour elle était Lara. J'avais eu tellement de chagrin à cette époque! Lara a dit à ma fille qu'elle ne voulait pas s'incarner à ce moment-là car la vie était trop difficile sur Terre. Ma fille lui a répondu: «Écoute, Lara, si des Anges comme toi ne veulent pas s'incarner, que faisons-nous, nous, sur Terre?» Ma fille m'a regardée dans les yeux et m'a dit: «Tu sais, maman, elle a tes yeux et elle promet de s'incarner prochainement pour venir aider sur Terre.» Je voyais combien elle était sereine, la paix se dessinait sur son visage. Elle croit maintenant aux Anges, elle est un Ange elle-même. Elle fut pour moi un

Ange dès sa naissance. Parfois, j'avais l'impression que ce n'était pas moi sa mère, mais bien elle qui était ma mère. Elle m'a beaucoup protégée.

Comme je l'ai mentionné, je travaille avec les quatre Archanges qui sont des faisceaux de pureté et d'Amour; ils nettoient l'environnement. Ce qui est important lorsqu'on fait un travail énergétique, c'est que les personnes deviennent conscientes de leur mal et d'où il vient. Il ne s'agit pas de psychothérapie, mais d'un éveil de conscience. Les Archanges élèvent le taux vibratoire de l'endroit en quelques secondes et on peut demander une intention particulière qui nous est toujours accordée. Les Archanges sont vraiment une création divine, mais aussi une création de l'évolution de certains grands Êtres de Lumière, par exemple la grande Entité Sanat Kumara dont la fonction est de maintenir les énergies terrestres en équilibre. Quand Jésus travaillait avec les Archanges, il travaillait avec d'autres types d'énergies et d'Êtres énergétiques. Il les faisait venir à travers des rayons, les sept rayons que nous connaissons lorsque nous travaillons sur les chakras que nous avons nommés des couleurs, mais qui sont, en fait, des vibrations.

Lorsqu'on travaille avec un chakra, on amène sa conscience à l'endroit où est situé ce chakra dans le corps physique ou dans le corps éthérique pour en connaître la fonction, pour savoir dans quel sens il tourne, quelle vibration il a. Dans le cas du chakra de la base, la vibration est rouge. On entre en contact avec la vibration rouge et cela permet au flux vibratoire de ce chakra de traverser tout le corps et d'entrer en expansion avec les centres d'énergie afin de comprendre la leçon de conscience qu'il veut nous enseigner de l'intérieur.

Étant bien centrés, nous pouvons percevoir les débuts de l'humanité, car ce chakra a été vraiment activé. Nous pouvons aussi comprendre le niveau de survie de l'humanité quand il fallait manger, quand il fallait se défendre contre les animaux sauvages et même les uns contre les autres.

Toute l'histoire des centres énergétiques est la même que celle de la Terre. Au début, il y avait la noirceur, un son s'est fait entendre, la Lumière est apparue et avec elle la couleur, puis la matière a été créée du premier son. Il n'y a pas de silence car tout bouge. Le silence peut faire très mal car nous avons besoin de sons continuellement pour vivre. Nous sommes tous des sons et des lumières. Nous vivons en ce moment l'ère de la communication du cœur, alors ouvrons notre cœur à cette réalité.

Louise Vincent

Louise Vincent est médium en transe profonde, auteure du livre
Créer le passage. *Elle donne des conférences et des séminaires
en province et partout dans le monde où on réclame sa présence.*

Elizabeth : Comment avez-vous commencé à canaliser
le groupe d'Anges reconnu comme le Chariot blanc
dont les Archanges Michaël et Uriel font partie ?

Louise : En février 1989, je me joins à un groupe de
personnes pour apprendre à intégrer certaines notions
sur la capacité de provoquer des états seconds en cal-
mant les vibrations du mental tapageur. En tout abandon, je me livre à l'expérience proposée et je me retrouve de but en blanc dans un espace sans bornes,
indescriptible et inexprimable. Plus tard, je dirai que je
suis allée dans la mer cosmique. Toujours est-il que dans
cet espace de Lumière et de couleurs éclatantes, je suis
introduite à un radieux Dauphin blanc. Il me dit qu'il
me fera visiter la mer, qu'il me protégera et qu'il m'ac-
compagnera dans la tâche de « créer le passage ».

Une fois revenue à moi-même, je suis foncièrement
ébranlée et renversée ; rien ne pourra plus jamais être
pareil. Mais que faut-il faire ? Aujourd'hui, je le sais, il

n'y avait rien d'autre à faire que de lâcher prise et d'avoir une confiance absolue.

Quelques mois plus tard, une amie me propose de l'accompagner chez un médium, Francis Osein. À part la lecture des œuvres d'Edgar Cayce, à cette époque, je ne connaissais rien aux médiums. Pourtant, peu de temps après, je me retrouve chez lui pour comprendre par moi-même le processus médiumnique. Le message ne se fait pas attendre; dès la première induction il est clairement dit: «We are the White Chariot.»

À compter de ce jour une difficile et constante bataille s'installe, et le mental étale son arsenal d'argumentations:

— C'est de la folie pure.

— Pour qui te prends-tu?

— Tu ne vas pas quitter ta sécurité pour du vent, une femme intelligente comme toi?

— C'est trop marginal et hors du commun.

— Que diront les gens?

— Tu risques d'être jugée, ridiculisée et de perdre tes amis.

J'aurais bien voulu interrompre ce bavardage, mais il n'y avait rien à faire. Même mon corps physique se mêlait de participer au processus clairement enclenché. Je marchais sur un pont invisible entre les rivages du connu et ceux de l'inconnu.

Mon âme, cette grande amie de toujours, me soutient et me fait rencontrer par «pur hasard» André

Desautels, celui avec qui je marcherai en parallèle dans cette nouvelle aventure de conscience. Dès le départ, une grande complicité s'installe entre nous; nous nous connaissons depuis tant et tant de vies. Il nous faut cependant avec force et courage débroussailler tous les aspects karmiques de personnalité et d'attachement qui pourraient subsister entre nous. La tâche n'est pas facile tous les jours, mais une profonde sincérité de part et d'autre, une transparence constante nous ouvre peu à peu des avenues de conscience constante. Si bien qu'aujourd'hui, nous pouvons constater que nous travaillons en parallèle dans une énergie de fusion avec le Chariot blanc. Notre intention en est une de service pur et impersonnel, en collaboration avec les plans de la hiérarchie cosmique.

C'est en vivant le processus de canalisation que je réalise progressivement que je ne quitte pas mon corps pour donner mon pouvoir à des entités extérieures à moi, mais plutôt que j'affine tellement ma conscience qu'il me devient possible de sentir la fusion avec l'énergie émise par des Maîtres, des Anges, des Archanges et de tous les Grands de la hiérarchie. Le développement de cet état s'avère alors le moyen d'évolution par excellence et de retour à moi-même.

Je crois que ces vibrations supérieures peuvent subir certaines interférences selon la pureté du canal qui les reçoit. La conscience de faire UN avec toutes ces vibrations crée une exigence de pureté, d'intégrité et de vérité avec soi-même.

Parler du Chariot blanc, c'est parler d'une grande énergie de retrouvailles entre chacun de nous et tous ces grands Êtres de Lumière qui viennent à notre rencontre pour que nous réalisions que nous n'avons jamais été séparés dans la pensée d'Amour du Père. Le Chariot blanc c'est toi, c'est moi, c'est eux, c'est nous qui retournons vers la Source, vers le Divin. André et moi remercions Michaël, Uriel, Raphaël, Gabriel, le comte Saint-Germain et tous les autres de nous accompagner sans cesse comme collaborateurs à ces retrouvailles.

Elizabeth: Quel travail devons-nous accomplir avec l'aide des Anges sur cette planète?

Louise: En ce qui concerne la guérison, ce terme sera encore utilisé pendant deux ans ou deux ans et demi, après quoi, les gens comprendront qu'il y a dans ce mot une forme de dualité. Parce que parler de guérison c'est en même temps parler de maladie, donc au lieu de parler de guérison, parlez de transformation vibratoire. Nous vous dirons que cette expression pourra être utilisée pendant des siècles sans fin, puisqu'il y aura toujours transformation des êtres.

Lorsque vous parlez de l'énergie du Reiki, nous vous dirons que vous parlez d'un aspect de conscience dans lequel les êtres commencent à se rendre compte dans leur conscience qu'ils ont des pouvoirs vibratoires et qu'en les utilisant ils peuvent permettre de changer de vibrations. Avec des vibrations plus subtiles émanant des forces cosmiques comme des champs vibratoires, ils peuvent, soit atténuer la puissance, soit complètement neutraliser des énergies qui sont plus lourdes et beaucoup plus denses et qui enferment dans la matière. Alors si vous parlez de transformations dans la vibration, vous ne faites aucune erreur.

Le travail que vous avez à faire, c'est d'enseigner que la maladie n'existe pas, que la mort n'existe pas, que tout cela a été créé par la pensée, mais que le temps est venu de se soustraire à cette vision ancienne.

Actuellement les êtres sont en train de passer de la cinquième à la sixième race. Dans la cinquième race, les gens sont très enfermés dans tout ce qui est relié aux trois chakras de la base et ils sont beaucoup liés à la forme de la pensée ancienne reliée à la mort, à la souffrance, à la peur et à toutes ces émotions qui créent des tensions énergétiques. Nous vous dirons que votre vocation pourrait être d'apprendre aux gens qu'il se peut qu'il y ait des déséquilibres énergétiques, mais que cela n'est pas la maladie et que vous pouvez travailler avec eux sous la forme de Reiki ou de polarité ou simplement pour rétablir leurs circuits énergétiques. Dans ces grands temps d'ouverture terrestre, le système nerveux de l'être humain est en train d'être complètement transformé : des circuits supplémentaires sont ajustés ; tout le système nerveux doit s'adapter à ces formes énergétiques supplémentaires qu'il doit recevoir. Il se peut qu'il y ait des gens qui aillent en consultation auprès de vous et qui soient tout simplement dans une forme de déséquilibre apparent parce que leur système nerveux est en train de se transformer.

Elizabeth : Alors comment se libérer de la notion de douleur ?

Louise : Il y aura des difficultés dans le corps physique ; ce qu'il faut enlever, c'est la peur de la difficulté, c'est l'émotion autour de la difficulté ou l'émotion autour de la douleur. La douleur existe que parce que l'être humain imprègne cette douleur d'émotions. Si vous vous écrasez un doigt dans la porte, cela crée une tension dans le corps vibratoire parce que vous avez écrasé des cellules et vous avez changé la formation d'un muscle. Bien sûr, cela peut créer une douleur, mais si vous concentrez votre forme-pensée sur cette partie de votre corps en disant: «J'ai le pouvoir de voir cette douleur s'atténuer et disparaître», alors au lieu de donner le pouvoir à la douleur, vous le donnez à vous-mêmes.

C'est la forme de pensée qu'il faut changer. Plus les gens diront que c'est difficile, plus ils engendreront que c'est difficile. Plus ils diront qu'ils sont en train de récupérer et de rapatrier leurs pouvoirs afin de pouvoir passer à travers ces moments plus difficiles, plus ils les vivront sans se torturer.

Elizabeth: Beaucoup d'êtres humains ressentent une énorme ouverture au niveau du chakra de la couronne, c'est-à-dire de la tête, et se demandent si ce sont des énergies qu'ils reçoivent?

Louise: Exactement, et beaucoup plus encore. J'explique. L'être humain est en train de se transformer de façon importante. Si le chat qui est dans votre maison devenait une personne d'ici quinze ans et que vous voyiez toute sa morphologie changer, vous en seriez très étonné. Une telle morphologie, avec bien sûr des nuances différentes, est en train de se produire chez l'être humain, qui est en train de développer des sens nouveaux et des capacités de capter des vibrations qu'il n'a pas captées encore, des sons et des couleurs qu'il n'a pas connus parce qu'il est dans la limitation vibratoire.

Ceux qui sont ouverts à l'énergie des temps présents verront les trois chakras de la base avec l'énergie connue complètement disparaître, c'est-à-dire que les turbines ne disparaîtront pas mais la forme énergétique les habitant disparaîtra. À ce moment-là, l'énergie du chakra de la gorge et celle du chakra du cœur descendront au premier chakra. L'énergie du troisième œil viendra unifier les polarités au second chakra. L'énergie de la couronne descendra au niveau du plexus solaire pour accueillir cette nouvelle énergie solaire ou transformation solaire qui se passe dans l'être humain. Après quoi les chakras qui ont été vidés de leur énergie à leur tour seront capables de recevoir des vibrations beaucoup plus puissantes. Évidemment, tout cela ne se fera pas en quelques jours, mais dans un temps progressif; si cet événement était trop rapide, les êtres ne pourraient pas supporter l'intensité de la Lumière.

Lorsque les énergies supérieures descendront dans le chakra du cœur, il va y avoir ce que nous appelons la scission de l'atome. L'atome a une grande puissance d'attraction; c'est lui qui maintient l'être humain dans la densité de la matière. Une fois brisé, cet atome donnera des multitudes de particules électriques qui, elles, s'ajusteront dans le système nerveux et formeront des ouvertures capables de recevoir les énergies supérieures dans le corps physique. Commencera alors ce que nous appellerons «l'énergie et le pouvoir d'ascension». Cette forme d'ascension n'a pas encore été vécue sur le plan terrestre. Elle le sera par certains Maîtres d'ici quelques années. Il est bon de mentionner que cette transformation se fait de l'intérieur, mais il se pourra que, pour certains êtres, la chair elle-même devienne Lumière. D'autres décideront plutôt de transformer la forme du corps, c'est-à-dire de dématérialiser complètement le corps déjà existant pour matérialiser un corps de Lumière, mais ce corps de Lumière sera complètement libéré de la densité.

Elizabeth: Parlez-nous du Reiki et de son apparition au niveau de l'énergie de la Terre.

Louise: Michaël, qui est heureux de brandir l'épée de Lumière, l'épée de Justice, l'épée de Vérité, qui de sa pointe, tel un laser, vient enseigner la vérité de l'énergie, nous informe de l'importance de l'ouverture de la conscience avec laquelle nous utiliserons cette énergie qu'est le Reiki. Cette énergie se répand en ce moment au Québec comme un feu dans une forêt asséchée, afin que les êtres qui l'utilisent puissent rapidement élever leur taux vibratoire pour pouvoir passer de la cinquième à la sixième race et de la sixième vers la septième race dans un bond assez rapide, puisque les êtres ne pourraient pas supporter toutes les injections énergétiques venant des plans supérieurs sans devoir vivre des phénomènes difficiles.

Le huitième rayon de transformation vibratoire est très actif en ce moment au Québec. Nous vous dirons sans exception que toutes les personnes sur cette planète qui travaillent à élever leurs vibrations sont directement affectées par ce rayon, en passant par la cinquième, la sixième, la septième, jusqu'à la douzième initiation. Ces initiations se feront de façon très intensive. Elles apporteront des transformations même dans le corps physique et surtout dans les corps énergétiques, les corps vibratoires.

Il y a en ce moment des Maîtres qui sont mandatés pour venir travailler sur les organes physiques des êtres humains comme des chirurgiens de Lumière pour faire des transplantations énergétiques dans le système nerveux afin que nous puissions supporter ces vibrations. Tous ceux qui ont accepté de vivre durant ces moments

difficiles les détachements pénibles dans la matière, né-
cessaires pour accueillir ces vibrations, ont du même
coup purifié leur canal et se sont préparés à devenir ces
médiums de l'énergie du Reiki. S'ils ont un intérêt dans
cette source énergétique, ils pourront se considérer canal et médium. Vous êtes déjà tatoués invisiblement sur
le front, sur le cœur, sur le bras droit et, pour quelques-
uns, sur la partie intérieure des mains.

Le Reiki est l'énergie du huitième rayon. Cette
énergie peut être transmise de façons différentes — par
la pensée purifiée, par le regard du troisième œil — et
elle peut être reflétée par les yeux physiques qui ont été
altérés de façon vibratoire par les Êtres de Lumière afin
que cette énergie puisse traverser les différents corps
énergétiques et atteindre le centre parfait de l'être appelé le thymus. Cette glande s'éveille et est en train de
créer un système immunitaire collectif ou système immunitaire de la conscience collective.

Ce travail est un travail effectué sur la cellule maî-
tresse, afin que chacune des cellules du corps physique
et de tous nos corps éthériques puisse recevoir les vibrations nouvelles venant de ces plans nouveaux et que
nous puissions intégrer cette énergie et la recevoir dans
chacun de nos douze centres énergétiques. Ceux qui se
sont ouverts à cette énergie dans l'état de service pourront l'utiliser pour de grandes transformations qui ne
seront pas toujours visibles. L'essentiel n'est visible que
pour l'énergie du cœur, et nous sommes en train de
préparer ce regard nouveau.

Il ne faut pas se considérer trop rapidement comme
des maîtres. Car il faut exercer la maîtrise de soi-même,
si l'on veut que le rayonnement de cette maîtrise puisse

s'exercer à l'extérieur de soi et que l'on soit reconnu comme un maître. On reconnaît les Maîtres véritables à leur simplicité, à leur humilité, à l'absence d'exercice de pouvoir, à la compassion dans leur service auprès de leurs frères. La compassion dans le service se manifeste dans le non-jugement, dans l'accueil. Il est important d'avoir recours à ce Maître, qui est appelé le comte de Saint-Germain, pour qu'il puisse élargir chacun de nos canaux et que nous puissions devenir pour le plan terrestre d'abord, dans notre for intérieur, des êtres de service, puis vers l'extérieur autour de nous et ensuite en travaillant avec Sanat Kumara et les sept Kumaras sur le plan de l'univers terrestre. Alors ce plan pourra désormais, dans ce taux vibratoire, accueillir l'énergie de Lumière venant des plans supérieurs et créer ce que nous appelons depuis des millénaires la Jérusalem céleste. Il est à noter que ceux qui abuseront de l'énergie du Reiki pour des fins égoïstes verront tout simplement cette énergie leur être retirée.

J'aimerais ouvrir une parenthèse pour parler de la cinquième race. L'Archange Michaël nous confie que la cinquième race est celle que nous vivons présentement, c'est-à-dire celle de la masse actuelle de l'univers, qui est à la recherche de la gloire, de l'honneur de la personnalité. Tout ce que les humains peuvent faire pour être reconnus, pour être vus, ils l'accomplissent. Mais il viendra un temps ou l'être sera libéré de cette personnalité, qui est exprimée de trois façons: la victime, le sauveur et le bourreau ou le persécuteur. Des Maîtres vous ont donné des enseignements à ce niveau. Lorsque vous commencez à prendre conscience de ce scénario de base et que vous acceptez de vous en sortir, vous franchissez la cinquième initiation qui était l'initiation franchie par celui qui s'appelait Jésus.

Lorsque le Christ est venu il y a 2000 ans, il est sorti de l'énergie de sauveur et de l'énergie de victime pour apprendre aux êtres humains qu'ils étaient eux-mêmes leur propre sauveur et qu'ils n'avaient pas à être victimes ni de la mort, ni de la maladie, ni de la souffrance, ni de tous ces problèmes financiers que nous voyons dans toutes les têtes comme une énergie rouge. La plupart des initiés ont franchi cette étape à 80 p. 100, c'est-à-dire qu'une partie d'eux est dans la sixième race.

La sixième race se manifeste beaucoup sur le plan de l'énergie christique ainsi que bouddhique et crée chez l'être humain l'ouverture au non-jugement et la compassion pour soi-même et pour les autres. L'être qui franchit cette étape et se retourne vers lui-même, sort de la dépendance et de l'attachement. À ce moment-là, il doit se dépouiller de toutes les structures anciennes des enseignements religieux et sociaux. Ces structures vont même jusqu'au détachement du couple tel que vous l'avez connu précédemment. Cela bouleverse beaucoup de gens, mais le travail doit se faire de toute façon. Même le détachement de la structure familiale, qui a commencé à s'effriter, se présentera dans les temps futurs sous une autre forme. Le détachement doit aussi être fait sur les plans du pouvoir, de la réputation, de l'exercice de tout ce qui vous a été enseigné au niveau de l'Église.

Lorsque ces périodes de détachement sont faites, elles se présentent à nous parfois sous forme de ruptures que nous appelons séparation, divorce, mort ou maladie mentale. À travers toutes ces étapes, nous franchissons des initiations.

Ceux qui se dépouillent totalement d'eux-mêmes et commencent à entrer dans l'énergie de service pur sont de la septième race partiellement, car nous n'appartenons pas totalement à une race mais nous chevauchons de façon énergétique dans plusieurs races, un peu comme la vague qui vient sur la grève et qui retourne vers la mer et qui revient mais qui prend toujours un peu plus de terrain.

Lorsque les êtres atteignent l'état bouddhique, ils ne sont plus touchés dans l'émotion, ils sont libérés du corps physique ainsi que du mental inférieur. Ils entrent dans l'état atomique avec la sixième et la septième initiations. Après viendront la huitième, la neuvième, la dixième, la onzième et la douzième initiations, qui se feront dans une autre énergie que nous appellerons l'énergie monadique. À ce moment-là, nous serons en contact avec les Maîtres ascensionnés et les Maîtres qui sont placés directement auprès de la Source. Les initiations se feront alors plus rapidement. Ceux qui franchiront la douzième initiation commenceront déjà à toucher leur second corps de Lumière, car il y a deux possibilités différentes d'ascension.

La première est celle qui a été faite par le Maître Jésus et les Maîtres ascensionnés. La seconde n'a pas encore été exécutée sur le plan terrestre, mais elle le sera par un grand Maître. D'ici deux ans, ce dernier franchira cette étape que nous appelons «l'ascension de l'énergie électrique», qui ouvrira des portes permettant à plusieurs autres Maîtres de traverser. Ensuite, parmi nous, ceux qui auront accepté d'entrer dans ce chemin initiatique sauteront dans cette énergie. Ils seront appelés et happés par cette énergie supérieure, de sorte qu'il y aura une forme de scission sur le plan terrestre. Cette scission est annoncée par le Maître Jean dans les textes de l'Apocalypse. Nous comprendrons cela parce que nous en serons instruits à mesure.

La transformation qui se prépare pour la race humaine est aussi grande que la transformation qui s'est manifestée dans les races inférieures, lorsque les poissons sont devenus des oiseaux, ou que des oiseaux sont devenus des mammifères. C'est tout notre être qui est en train de se préparer à ces manifestations.

Johanne Warren

Johanne Warren est l'auteure du best-seller Les Ailes de l'Amour, *tomes I et II. Elle a aussi offert sa participation dans le livre* Être Anges Témoins. *Je l'ai rencontrée lors de son passage à Montréal et je lui ai demandé de l'information concernant son travail de guérison qu'elle effectue auprès des animaux. Voici ce qu'elle m'a confié.*

Enfants, nous entendions parler plus souvent du monde magnifique des Fées. Il est plus d'actualité maintenant, pour les adultes, de faire des recherches spirituelles concernant ce monde angélique.

Il existe une hiérarchie importante dans ce monde parallèle au nôtre. Il y a les Fées, les Elfes, les Ondines et les Sylphides, etc. Toutes les informations concernant ces Dévas sont dans des livres. Partager mes expériences personnelles avec ces Êtres d'Énergie et de Lumière m'est très agréable.

Un jour, j'étais en voiture avec deux amies dans la région du mont Mégantic, en Estrie. Nous étions en janvier 1988, et il faisait très froid. Nous roulions pour nous rendre au supermarché. Il nous fallait traverser une forêt de conifères. Soudainement, j'ai entendu pleurer. J'ai demandé à mes amis s'ils entendaient ces plaintes et ces pleurs. La réponse fut négative. Je me suis concentrée de nouveau et le même phénomène s'est reproduit. J'ai réalisé que les pleurs venaient de l'extérieur; j'ai donc baissé la fenêtre de la portière, mais mes amis n'entendaient toujours pas.

Quelques minutes plus tard, j'ai entendu de petites voix. C'étaient des voix de Fées. Il s'agissait des Fées des sapins de la forêt que nous traversions afin de nous rendre à destination. Les pleurs étaient ceux des arbres. Les sapins pleuraient de l'attitude très négative de la propriétaire de cet endroit. J'ai raconté cela à mes amis qui habitaient cette région.

Ils me confirmèrent qu'effectivement la propriétaire qui habitait tout près de l'endroit où nous étions était négative, qu'elle exploitait même financièrement certaines personnes de cette région. Les arbres dudit terrain n'en pouvaient plus de vivre dans de telles vibrations négatives. Les Fées demandaient de l'aide pour améliorer la situation par une pensée positive et quelques concentrations «actives».

Il est certain que les pensées négatives affectent l'environnement où nous vivons, car ces pensées créent un égrégore (forme de pensée à laquelle plusieurs personnes adhèrent) auquel nous pouvons nous relier si nous ne sommes pas prudents. Une fois branchés à ces formes de pensées négatives, consciemment ou pas, nous collaborons à amplifier cet égrégore négatif. Nous devons être conscients de ce phénomène afin de ne pas servir de relais aux ondes négatives.

Voici un autre vécu avec les animaux cette fois. Beaucoup de petits animaux, tels les mouffettes, les chats sauvages, les chiens, les chats domestiques et autres, se font happer sur la route. Dans ces cas, il y a un travail facile et simple à effectuer si vous le désirez. Il s'agit de reconnaître la bête qui a été frappée et d'appeler la Fée qui correspond à cet animal mort et de lui demander de venir libérer l'âme de cette bête. Si vous n'êtes pas certain de la sorte d'animal qui a été frappée, vous pouvez demander de l'aide à différentes Fées et attendre leur arrivée. Certaines personnes les voient de l'intérieur ou ressentent leur présence. Vous capterez bien s'il s'agit d'une taupe ou d'un lièvre; les Fées vous le diront ou vous le ressentirez à l'intérieur de vous-même. Ne doutez pas de ce que vous ressentez. Il vous sera possible de ressentir la paix que l'animal recevra lorsque vous le présenterez à sa Fée. Il ne vous restera qu'à demander à sa Fée de l'amener là où il doit aller. Afin de rassurer l'entité du petit animal mort, dites-lui doucement de suivre la Fée qui le guidera dans son univers. Cela ne prend que quelques secondes et vous aidez ainsi une entité animale à retrouver son chemin dans l'au-delà.

Au tout début, lorsque je pratiquais cette façon de faire, j'arrêtais la voiture. Maintenant je continue de rouler tout en faisant ce travail. Plus vous vous exercerez, plus vous deviendrez habile et plus vous saurez ce qu'il faut faire. Vous développerez ainsi une confiance en vous dans le domaine des communications spirituelles. Parfois, vous recevrez un cadeau: une preuve concernant le travail que vous aurez fait à ce niveau de conscience et vous serez seul à être conscient de cette preuve. Vous serez heureux et satisfait de votre effort pour venir en aide à ce monde invisible.

Il est important de partager vos expériences avec des gens qui ont atteint un certain niveau d'éveil spirituel, car si vous en parlez avec des gens qui n'y comprennent rien, vous risquez de vous faire ridiculiser. Cela pourrait vous décourager à continuer votre travail et vous faire perdre confiance en vos facultés psychiques. Ce serait dommage si vous désirez participer à la chaîne de vie des mondes terrestres et parallèles car vous avez la capacité d'effectuer ce travail. Ce genre de contact spirituel demande un certain temps de solitude afin de se renforcer intérieurement. Vient un jour où nous en parlons avec certitude, car rien ne peut plus nous ébranler sur ce sujet. Nous sommes suffisamment sûrs de nous et confiants pour savoir que ce que nous avons vécu est vrai... même si d'autres ne nous croient pas. Nous n'avons rien à prouver aux autres.

Actuellement, sur cette Terre, les petits êtres essentiels dit élémentaux, les Fées si vous préférez, se plaignent de ne pas avoir de place. Nous coupons trop d'arbres, nous tuons les animaux pour le plaisir de chasser et pour la nourriture des hommes, nous exploitons à outrance la planète pour le plaisir et le confort humain en ne nous souciant pas du lendemain. Ce lendemain que nos enfants vivront risque d'être aride.

Il est de prime importance de participer à la chaîne d'Amour, de Lumière et de Vie sur cette planète; sans entraide entre nous, où irons-nous? Devenir conscient d'un tel plan est une expérience extraordinaire. Il y a tant à faire! Cela vous procurera un bonheur dont vous ne vous doutez pas.

En retour, lorsque vous vivrez une peine ou une douleur, vous pourrez faire appel au monde des Fées, et vous constaterez que, après quelques minutes, vous serez fortement réconforté. Vous verrez... Cela vaut la peine d'essayer!

Je travaille aussi en collaboration étroite avec des Êtres de Lumière que nous appelons «extraterrestres». J'œuvre à la reconnexion de la Terre à sa Source divine. Dans le livre *Être Anges Témoins*, Henri Kim nous raconte son expérience avec ces Êtres venus d'ailleurs:

> *De petite taille, parfaitement proportionnés, d'apparence lumineuse, ces êtres ont la possibilité de se dématérialiser ou de prendre une apparence vaporeuse, semi-matérielle. Ils émanent des ondes et des lumières qui font que, après les avoir vus, on n'est plus jamais le même. Leurs cheveux sont lumineux et ressemblent à des fibres optiques. Leurs vaisseaux sont également lumineux. Ils peuvent atterrir dans un bois, parmi les arbres, sans qu'aucune végétation ne soit détruite. Pour ces êtres, ce qui compte essentiellement, c'est de respecter les autres, de s'aimer fraternellement. Si on suivait leurs conseils à la lettre, il faudrait créer des communautés, vivre en petits groupes harmonieux, dans des maisons de bois circulaires... Sur la Terre, on pourrait tout avoir, on a tout à notre disposition, on cherche le paradis, mais il est là, le paradis, on ne sait pas le comprendre. Les gens, ce qui les intéresse, c'est ce que les extraterrestres vont leur apporter. Je leur explique que l'effort, c'est d'abord à eux de le faire, ne plus fumer, ne plus boire, devenir végétariens, respecter les autres...*

Ces Êtres font partie d'un monde angélique situé dans la huitième dimension où tout s'effectue par la pensée!

Jac Lapointe

Les Anges, selon Jac Lapointe, grand artiste-peintre visionnaire admiré et aimé partout sur cette planète de tous les amoureux de la Beauté et de la Lumière !

Les Anges me côtoient depuis longtemps dans ma créativité. Déjà dans les années 80, lors de ma première exposition, des Anges apparaissaient dans mes œuvres. À cette époque, je les percevais et les représentais très forts pour ne pas dire bien musclés. Je me disais que, pour qu'un bon Ange gardien puisse nous protéger, il devait être très fort et puissant. J'avais de la difficulté à entrevoir les Anges en extase dans des robes très minces, vaporeux, avec les yeux au ciel. Pour moi, les Anges devaient être plus fonctionnels. Ils sont là pour aider et pour protéger, alors ils doivent être attentifs et en très bonne condition pour remplir ces fonctions.

Depuis, j'ai découvert beaucoup d'aspects merveilleux de ces Êtres divins, surtout par cette occasion qui m'a été offerte d'illustrer les quatre Archanges en début de ce livre. Ces Êtres sont non seulement là pour nous protéger, mais ils sont surtout là pour nous guider vers notre divinité, vu qu'ils sont le lien direct dans cette dimension. Ils sont mis sur notre route dès notre conception et de là, ils nous suivent tout en nous guidant et

129

en respectant nos choix. C'est cela qui est fascinant, ils ne s'imposent jamais, sauf en cas d'urgence. Ils sont à notre disposition. À nous de les appeler et de leur demander l'aide requise, et ce, pour quoi que ce soit.

Les Anges sont là pour nous montrer le chemin de notre libération vers la découverte de soi, de la divinité que nous sommes; ils nous aident à devenir comme eux. À propos du sexe des Anges, ils n'ont ni l'un ni l'autre, ils sont Un comme nous devons le redevenir, puisque nous l'étions au début. Nous avons parcouru un long chemin séparé et nous voici à une époque charnière où nous devons retrouver cette partie qui nous manque pour nous permettre de vraiment vivre cette divinité que les Anges nous proposent de vivre par leur guidance. Ils savent d'où nous venons et ils ont une bonne idée où nous allons. À travers différents événements de notre vie, ils nous font comprendre ce qui est vraiment important; c'est à nous de le percevoir. Ils sont là pour accélérer le processus de compréhension de notre divinité et pour nous aider à aller vraiment à l'essentiel.

Je m'aperçois à chaque instant que, dans cette conscience qui émerge en cette période, tout se passe beaucoup plus rapidement qu'autrefois. Ce qui prenait des mois à comprendre, se produit en quelques jours si ce n'est en quelques heures. Je crois que c'est un très bon signe. Les Anges ont beaucoup à nous dire, il s'agit d'être à l'écoute de cette voix qui nous parle, mais que quelquefois nous n'écoutons pas. Après coup, nous disons: «J'aurais donc dû suivre mon intuition, ça me le disait aussi!»

Les Anges ont un grand pouvoir d'adaptation et ils se présentent à chacun de nous comme il se doit. Ils ne se présenteront pas de la même façon à un bébé qu'à un adulte, à un moine ou à un Zoulou. C'est pour cela que les perceptions des Anges sont différentes selon les personnes et les époques. Ainsi en est-il pour ce qui est des ailes. Comment pensez-vous que l'artiste de l'époque devait démontrer sur sa toile la différence qu'il y a entre les humains et les Anges?

Pour commencer, on avait dit à l'artiste que ces Êtres venaient de l'au-delà, donc d'en haut. Habituellement, ce qui est en haut, dans le ciel, porte des ailes comme tout bon oiseau. En posant des ailes aux Anges, tout devenait clair. Les ailes étaient le meilleur moyen plausible de monter dans les hautes sphères célestes.

Il y a autre chose que je perçois et que d'autres perçoivent si je me fie aux multiples témoignages d'apparitions ou de contacts dans l'histoire. Ces êtres sont souvent décrits comme une lumière, ils sont Lumière, donc énergie, une énergie autre que celles qu'on connaît. C'est ce que j'appellerais de l'Énergie divine. Cette énergie vient de la Source et a le pouvoir de se densifier pour nous être accessible. C'est ainsi qu'ils peuvent se démultiplier à volonté et répondre à tous nos appels.

Pourquoi tant de gens sont en contact avec Michaël, Gabriel ou d'autres Archanges? Ces êtres appartiennent à chacun, en tout moment. C'est un principe semblable à un hologramme (photo 3D). Si on coupe en petits morceaux l'hologramme, chaque pièce contient la totalité de l'image. C'est pourquoi on pourrait être deux millions à demander de l'aide à Gabriel qu'il y aurait deux millions de Gabriel à répondre à chacune des demandes, et ce, par l'unique Gabriel. Ainsi, les Archanges sont toujours disponibles. N'ayez donc crainte qu'ils soient occupés ailleurs, lors de votre appel; c'est ainsi que travaille l'Énergie divine.

Voici un autre aspect du déplacement des Archanges dans notre monde. Ils provoquent des traînées lumineuses, qui peuvent nous sembler comme des ailes (je n'ose imaginer la vitesse de leurs déplacements, mais ça doit être très vite...). Avec cette énergie, ils peuvent, au besoin, se restructurer une enveloppe humaine comme en témoigne l'histoire de l'Archange Raphaël lorsqu'il se présenta à Tobie (Ancien Testament Tob, 5,4). Ils peuvent apparaître aussi sous forme de bulles lumineuses ou en faisceaux de lumière. On peut les entendre et ressentir leur présence. Qu'importe leur façon d'apparaître, l'important est qu'ils sentent que vous les percevez et que vous appréciez leur présence. Ils sont vraiment là pour nous aider à devenir comme eux, des Anges.

Chaque élément de cette planète a aussi son Ange. Ces Anges sont représentés par les «Élémentaux» plus connus sous le nom d'Elfes, Gnomes, Farfadets, Fées, Ondines, etc. Il semble que chaque élément ait son Élémental spécifique. Ainsi, la Terre, le sol, le souterrain comprenant le monde des métaux et des pierres sont supervisés par les Gnomes.

Nous avons pour les éléments de l'air, de la flore et de la faune, les délicates Elfes; pour l'eau, ce sont les Sirènes et les Ondines; et l'élément feu est représenté par les Dragons. Le nom peut varier, mais ces Êtres sont reconnus à travers le monde et de tous les âges par les légendes. Ainsi, tous ces Élémentaux s'occupent du bien-être de la nature.

Ces Êtres, d'une structure plus subtile que la nôtre, malgré que nous puissions les voir de plus en plus, ne seraient ce qu'ils sont que pour que nous puissions prendre conscience de leur présence pour travailler avec eux à sauvegarder l'équilibre de la planète. Ils ont la faculté de mémoriser chaque structure moléculaire des éléments dont ils ont la responsabilité, et au besoin ils peuvent restructurer l'élément affecté. Par exemple : une fleur déficiente ou brisée peut être régénérée grâce au pouvoir que possède l'Élémental responsable de cette fleur à en appeler à cette mémoire. Il refera la structure moléculaire originale de la fleur. C'est vraiment la forme de guérison que les Anges provoquent aussi en nous.

Ces guérisons, que nous qualifions de miracles, sont un aspect du travail que les Anges nous démontrent pour que nous puissions en faire autant. La science est en train de découvrir que chacune de nos cellules a la mémoire du Tout. Comment voulez-vous que des cellules se réunissent en amas pour former cette merveille qu'est le corps humain ? C'est par cette mémoire qui nous structure et nous forme et avec la grâce de l'Énergie divine, que se produisent toutes les formes de vie, la guérison ainsi que l'harmonie avec le Grand Tout. Il s'agit seulement d'être à l'écoute.

Conclusion

La rédaction de ce livre m'a appris énormément. Par ma recherche de la Vérité et du contact que je désirais tant avec les Archanges, j'ai réussi à comprendre un peu plus leur façon de communiquer avec nous! Ils se sont manifestés de tellement de façons qu'il est évident maintenant que nous ne pouvons plus douter qu'ils sont là, présents à chaque instant de nos vies.

J'ai découvert qu'il n'était pas nécessaire d'être médium pour les contacter, mais bien que nous avions seulement à les prier et à être à l'écoute de leur réponse. En voici un exemple.

Un couple partageait avec moi combien il avait du chagrin en ce qui concerne la séparation de leur fille et de leur gendre, car de ce mariage étaient nés deux enfants qui, maintenant, ne voyaient plus leur père. Alors qu'ils se préparaient pour faire un voyage en Floride, j'ai eu l'intuition de leur dire d'amener leur petit-fils. Ils ont donc demandé la permission à leur fille, proposition qu'elle accepta.

«Nous ne nous sentions pas très bien, me dirent-ils, et nous croyions que nous étions pour être plus en sécurité avec l'enfant, au cas où il nous arriverait quelques chose. Mais nous espérions surtout que notre petit-fils aurait l'occasion de revoir son père, qui était seulement à trois heures de distance de la Floride.

« Nous avons effectivement rencontré notre gendre en Floride dans un centre commercial et l'avons invité à manger au restaurant pour que son fils et lui puissent se revoir. Cela faisait quatre années que notre petit-fils n'avait pas vu son père. Nous avons passé la journée ensemble et il a acheté des vêtements pour lui et pour sa fille qu'il n'avait presque pas connue. Nous avons été guidés à acheter un dictionnaire anglais-français pour le petit, et pourtant il n'était pas encore capable de lire. Quelle drôle d'histoire !

« Nous sommes retournés dans notre condo situé au troisième étage. La pluie venait d'arrêter et nous avons vu, dans un arbre d'un vert foncé, un cœur parfait d'un vert pâle se dessiner dans le feuillage. Puis, le soleil s'est manifesté quelques minutes, et juste au-dessus de ce cœur un arc-en-ciel apparut. Nous n'avions jamais vu une telle manifestation à cet endroit et pourtant nous y allions quand même régulièrement. Je crois que les Anges ont voulu approuver notre geste et nous ont démontré leur Amour de cette façon. Il s'agissait tout simplement de reconnaître ce moment merveilleux et de l'accepter !

« De retour à Montréal, nous avons consulté une médium qui est en contact avec son guide. Elle nous a dit que cela signifiait le début de notre évolution spirituelle consciente et qu'à partir de cet instant, tout s'était mis en branle pour notre éveil. Nous avons commencé à faire des recherches intérieures. Nous sentions que nous devions faire un changement dans nos vies. Nous recherchions quelque chose de grand, de profond. Nous avons trouvé des livres qui nous ont guidés et avons décidé de vivre les initiations du Reiki. Car nous savions que nous y trouverions beaucoup de réponses. »

Comme vous pouvez le constater, ce sont dans des moments d'Amour inconditionnel, où notre cœur se tourne vers le bonheur et la réussite des autres, que le monde angélique se manifeste le plus à nous. Car les Anges existent pour nous aider et nous guider. Si nous désirons vraiment entrer en contact avec eux, nous n'avons qu'à vivre une vie de service à l'humanité. Ils nous accompagneront dans chacun de nos pas et de nos gestes.

Je vous souhaite à tous une vie de service, car c'est seulement dans le service que nous trouvons la paix et la joie de vivre !

Collaborateurs

Elizabeth Dufour, auteure
18, 1re Avenue
Auteuil (Québec)
H7H 2P8
(514) 622-8383

Lina Materrazzo
(514) 527-0639

Marie-Noëlle Bermond
B.P. 4524
69244 Lyon Cédex 04
France
Tél./Téléc. : 72 00 89 38

Gregoria Kaiser, hypnothérapeute
Troisième niveau Reiki
(514) 948-6006

Maev
742, rue Saint-Antoine
Terrebonne (Québec)
J6W 1N9
(514) 471-2086

Dianne L'Espérance, praticienne Reiki
Montréal (Québec)
(514) 725-2364

Marie-Diane Tremblay
Saint-Sauveur (Québec)
(514) 229-9242

Louise Vincent
Montréal (Québec)
(514) 446-4729

André Desautels
Montréal (Québec)
(514) 446-8709

Johanne Warren
France

Jac Lapointe
895, rue Gaétan
Bellefeuille (Québec)
J0R 1A0
(514) 565-9655

Bibliographie

Angels by Dalfyn, Éditions Earthspirit, Inc.

BOSSIS, Gabrielle. *He and I*, Éditions Paulines.

DANIEL, Alma, Wyllie TIMOTHY et Andrew RAMER. *Ask Your Angels*, Ballantine Books.

HAZIEL. *Rituels et prières*, Éditions Bussière.

PRICE, John Randolph. *The Angels Within Us*, Ballantine Books.

TAYLOR, Terry Lynn. *Guardian of Hope*, HJ Kramer, Inc.